Das Buch von Alexander

Das Buch von Alexander, dem edlen und weisen König von Makedonien

mit den Miniaturen der Leipziger Handschrift

herausgegeben von Wolfgang Kirsch

1991

Reclam-Verlag Leipzig

ISBN 3-379-00381-6

Die hochweisen Ägypter kannten den Umfang der Erde, beherrschten das wogende Meer, erforschten die Himmel (sie berechneten nämlich den Lauf der Gestirne) – und all das überlieferten sie mit tiefer Weisheit und Zauberkraft der ganzen Menschheit. Sie auch berichten von Nektanebus*, ihrem König; der sei ein erfindungsreicher Mann gewesen, bewandert in Astrologie und Mathematik und vollkommen in aller Art Zauberei.

Eines Tages nun, als ihm gemeldet ward, der Perserkönig Artaxerxes falle mit einer gewaltigen Feindesschar über ihn her, da sandte er ihm nicht seine Truppen entgegen, rief nicht ein Heer von Bewaffneten zusammen, noch ließ er Kriegsmaschinen verfertigen, sondern er zog sich allein in ein Gemach seines Palastes zurück; dort ergriff er eine eherne Schale, goß Regenwasser hinein, hielt einen dünnen Stab aus Ebenholz in Händen, und kraft zauberischer Beschwörungen rief und sah er da Geister, und durch seine Zauberkunst erblickte er und erkannte in der Schale voll Wasser eine Flotte von Schiffen, die über ihn kamen.

Es waren aber damals von Nektanebus Heerführer als Posten an die persische Grenze befohlen. Einer von denen kam zu ihm und sprach: «Großmächtiger Nektanebus! Artaxerxes, der König der Perser, ist über dich gekommen mit einer Unzahl von Feinden aus sehr vielen Völkern: Parther sind es und Meder, Perser, Syrer, Mesopotamier, Araber, Bosphorer, Arginer, Chaldäer, Baktrier, Skythen, Hyrkaner, Agriophager und unermeßlich viele andere Völker des Morgenlandes.» Nektanebus lachte auf und sprach zu ihm: «Geh du und halte den Posten, den ich dir übertragen habe, treulich und wachsam! Doch nicht wie ein Feldherr, wie ein Feigling hast du gesprochen. Stärke nämlich liegt nicht in der Unzahl der Heerscharen, sondern in ihrem Mut. Weißt du denn nicht, daß ein einziger Löwe viele Hirsche verjagt?»

So also sprach er, betrat wieder allein ein Gemach des Palastes, formte Schiffchen aus Wachs, tat sie in die Schale voll Regenwasser, hielt einen Palmwedel in der Hand, und wie er ins Wasser starrte und anhob, aus voller Kraft Beschwörungen zu singen, da sah er, daß die ägyptischen Götter die Schiffe der Barbaren lenkten.

* Der letzte selbständige Herrscher Altägyptens (360–341).

trauit ī cubiculū palatii solus. et fecit naviculas ce
reas ⁊ posuit eas ī concā plenam aqua pluuiali. et
teniens ī manu virgam palme. ⁊ respiciens ī ipām a
quā totis uiribus suis incantare cepit. Et uidebat
quom̄ dii egyptiorum gubernabant ī naui deos barbaro
rum.

Sogleich wechselte er seine Gestalt, schor sich Haupthaar und Bart, nahm Gold, soviel er nur tragen konnte, und was er zur Astrologie, Mathematik und Zauberei brauchte, floh heimlich aus Ägypten nach Pelusium und von dort nach Äthiopien. In Leinenzeug, weiße Tücher, gekleidet, kam er als ein ägyptischer Wahrsager nach Makedonien. Dort blieb er unerkannt, und offen weissagte er allen, die zu ihm kamen.

Wie die Ägypter merkten, daß Nektanebus nicht zu finden war, zogen sie zu Serapis, ihrem höchsten Gott, und baten ihn, daß er ihnen einen Wahrspruch sagte über Nektanebus, ihren König. Serapis gab ihnen zur Antwort: «Nektanebus, euer König, ist aus Ägypten geflohen wegen Artaxerxes', des Königs der Perser, der kommen und euch unterwerfen wird. Doch binnen kurzem wird er sein Greisenalter abwerfen, als Jüngling zu euch zurückkehren und euch an euren Feinden rächen – unterwerfen wird er sie und euch gleichermaßen.» Dieses Orakel hörten die Ägypter von ihrem Gott, und sogleich errichteten sie Nektanebus zu Ehren ein Königsstandbild aus schwarzem Stein, und zu Füßen des Bildes schrieben sie den Wahrspruch, auf daß er bei ihren Nachkommen nicht in Vergessenheit geriete. Nektanebus aber blieb unerkannt in Makedonien.

Unterdes zog Philipp*, der König der Makedonier, in den Krieg. Da stieg Nektanebus zum Palast hinauf, daß er die Königin erblicke. Und als er sah, wie schön Olympias* war, da hüpfte ihm sogleich das Herz, er entbrannte in Begierde nach ihr, hob die Hand zum Gruße und sprach zu ihr: «Seid gegrüßt, Königin der Makedonier!» – «Herrin» aber wollte er sie nicht nennen. Darauf antwortete ihm Olympias und sprach: «Sei gegrüßt, Meister! Komm näher und laß dich nieder!» Und als er saß, fragte ihn Olympias: «Ist es denn wahr, daß du Ägypter bist?» Nektanebus antwortete ihr: «Ach Königin, ein sehr schönes und königliches Wort hast du gesprochen, da du Ägypter mich nanntest. Die Ägypter nämlich sind weise: Sie wissen Träume auszulegen und Vorzeichen zu deuten, verstehen den Sinn des Vogelfluges und haben Kunde vom Verborgenen und machen es offenbar; das Schicksal sagen sie voraus von allem, was wird. So weiß denn auch ich, begabt mit feinsten Sinnen, um all diese Dinge wie ein Seher und Prophet.» Als er so sprach, sah er sie an voll Begierde. Doch Olympias merkte, daß er sie so anblickte, und sagte zu ihm: «Meister, was ging in dir vor, da du mich so betrachtetest?» Nektanebus antwortete ihr und sprach: «Ich gedachte der rühmlichen Wahrsprüche der Götter; ein Spruch nämlich ward mir zuteil von den nahen Göttern, mir sei bestimmt, eine Königin zu schauen.»

Also sprach er und zog aus der Tasche eine wundersame Tafel aus Ebenholz und Elfenbein, die war mit Gold und Silber verziert, und drei Kreise waren auf ihr zu sehen: Der erste verband die zwölf Häuser, der zweite verband und umschloß die zwölf Tierzeichen, der dritte umschloß Sonne und Mond. Dann öffnete er ein Kästchen aus Elfenbein und zog aus ihm die sieben hell leuchtenden Gestirne heraus, die Stunde und Horoskop* der Geburt des Menschen bestimmen, und sieben geschnittene Steine, die stellten die Gestirne

* Philipp II., König von Makedonien 359 bis 336 (ermordet), geb. um 382.

* Seit 357 mit Philipp verheiratet, gebar ihm Alexander (356) und Kleopatra (355), ermordet 316.

* Es enthält die zwölf Tierkreiszeichen; durch sie laufen die sieben Planeten (Sonne, Mond, Merkur, Venus, Mars, Jupiter, Saturn) auf ihrer Bahn. Außerdem wird der Himmel in zwölf Häuser eingeteilt. Das Horoskop (Geburtshoroskop = die Nativität) ergibt sich aus der wechselseitigen Stellung von Planeten, Tierkreiszeichen und Häusern.

dar, die zum Schutze des Menschen gesetzt sind. Als Olympias dies sah, sprach sie zu ihm: «Meister, wenn du willst, daß ich dir glaube, was du mir zeigst, so sag mir des Königs Geburtsjahr, -tag und -stunde.» Da stellte Nektanebus seine Berechnungen an mit mathematischer Kunst und sagte ihr des Königs Geburtsjahr, -tag und -stunde. Nachdem er das vollbracht hatte, sprach er zur Königin: «Anderes willst du nicht von mir wissen?» Und die Königin gab ihm zur Antwort: «Ich will, daß du mir verrätst, was sich zutragen wird zwischen mir und Philipp. Die Leute reden nämlich, Philipp wolle mich verstoßen, sobald er aus dem Kriege zurückkehrt, und ein anderes Weib freien.» Da sprach Nektanebus zu ihr: «Falsch sind diese Worte, jetzt keineswegs wahr. Nicht binnen kurzem, wohl aber in einigen Jahren wird solches geschehen, doch wird dich Philipp wieder zum Weibe nehmen, mag er nun wollen oder nicht.» Darauf die Königin: «Bitte, Meister, sag mir die ganze Wahrheit.» Antwortete Nektanebus: «Einer der mächtigsten Götter soll dir beiwohnen und dich beschützen.» Sprach die Königin: «Und welcher ist dieser Gott, der mir beiwohnen soll?» Nektanebus gab zur Antwort: «Es ist der allmächtige Ammon*, der allen Reichtum verleiht.» Die Königin sprach: «Bitte, Meister, sage mir doch, in welcher Gestalt dieser Gott erscheint.» Nektanebus antwortete: «Nicht jung ist er, nicht greis, sondern mittleren Alters, hat Widderhörner auf der Stirn und einen leicht ergrauten Bart. Deshalb wisse fürwahr: Sei bereit für ihn in dieser Nacht, denn im Schlaf wird er dir erscheinen, im Schlaf dich umarmen.» Die Königin sprach: «Habe ich dieses wahrhaftig erlebt, so will ich dich nicht wie einen Seher, nicht wie einen Zauberer, wie einen Gott will ich dich verehren!» Alsbald nahm Nektanebus Abschied von der Königin, stieg vom Palast hinab und schritt sogleich zur Stadt hinaus zu einem verschwiegenen Ort. Dort sammelte er Kräuter, zerstieß sie, fing ihren Saft auf und begann durch teuflisches Gaukelspiel zu zaubern, daß Olympias noch in der gleichen Nacht der Gott Ammon als Traumbild erschien, ihr beiwohnte und nach der Umarmung zu ihr sprach: «Weib, du hast deinen Beschützer empfangen.»

Als es dann tagte und Olympias vom Schlaf erwacht war, da ließ

* Als Schlange oder Widder dargestellt. Bei den Griechen als Zeus-Ammon verehrt.

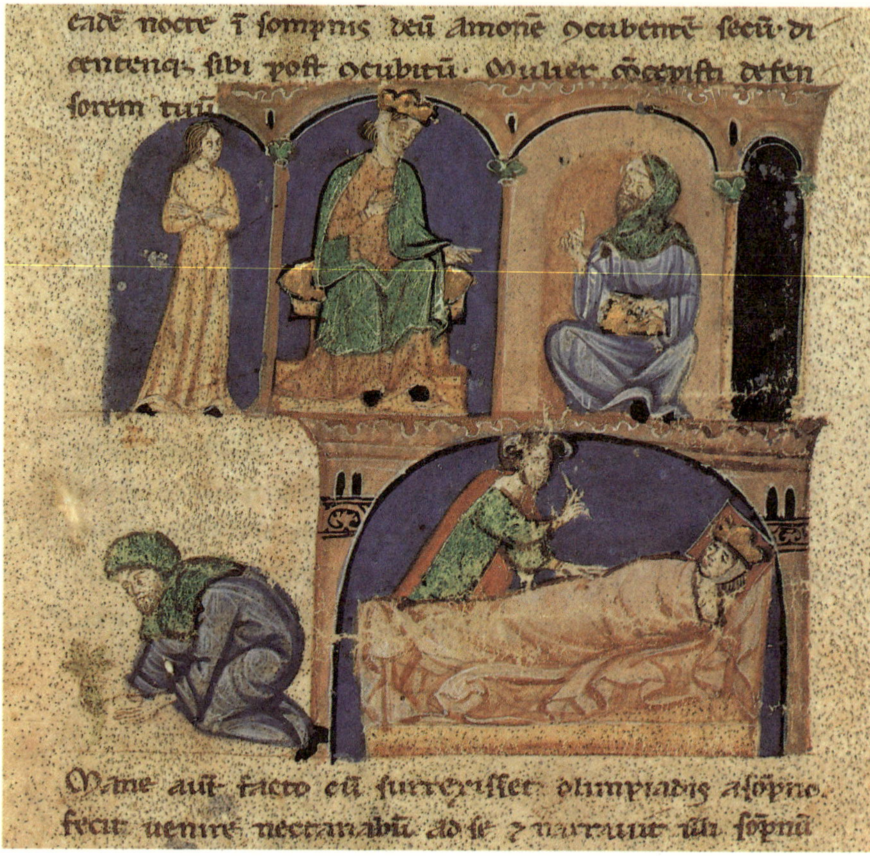

sie Nektanebus zu sich kommen und erzählte ihm den Traum, den sie geträumt. Doch Nektanebus sprach zu ihr: «Bekannt ist mir, was du berichtest. Wenn du mir aber einen Platz in deinem Palast anweist, werde ich dich den Gott in Wahrheit sehen machen: Denn eins ist der Traum, ein anderes die Wirklichkeit. Dieser Gott wird als Drache zu dir kommen und sich dann in einen Menschen, mir ganz ähnlich, verwandeln.» Darauf antwortete Olympias und sprach zu ihm: «Recht hast du gesprochen, Meister. Nimm ein Gemach im Palast, und wenn du dieses wahrhaftig vollbringen kannst, will ich dich für den Vater des Knaben ansehen.» So sprach sie und ließ ihm ein Gemach des Palastes anweisen.

Um die erste Nachtwache nahm Nektanebus durch zauberische Beschwörungen die Gestalt eines Drachen an. Zischend bewegte er sich zum Gemach der Olympias, betrat es, stieg in ihr Bett, küßte sie

und wohnte ihr bei. Doch da er sich von der Umarmung erhob, stieß er sie in den Mutterleib und sprach: «Den du empfangen, der sei siegreich und werde von einem Sterblichen nie überwunden.» Also ward Olympias betrogen, da sie einem Menschen beiwohnte und glaubte, er sei ein Gott.

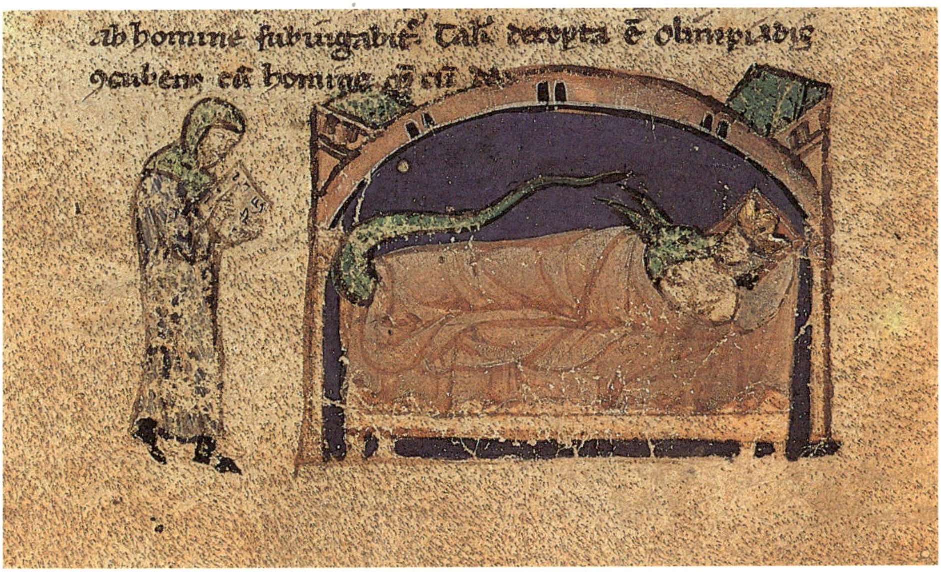

Als es Tag ward, stieg Nektanebus vom Palast hinab; doch die Königin blieb schwanger in ihrem Gemach. Da aber ihr Leib schwoll, rief sie Nektanebus zu sich und sprach: «Meister, sage mir doch: Was wird Philipp mit mir beginnen, wenn er zurückkommt?» Ihr gab Nektanebus zur Antwort: «Fürchte dich nicht, denn Ammon, der Gott, wird dir beistehen an meiner Statt.»

Also sprach er, stieg sogleich vom Palast hinab, schritt zur Stadt hinaus und ging zu einem verschwiegenen Ort. Dort sammelte er Kräuter, zerstieß sie, fing ihren Saft auf, ergriff einen Seevogel, sprach Beschwörungen über ihn und beträufelte ihn mit dem Saft der Kräuter. Dies nämlich tat er mit teuflischer Zauberei, um den König Philipp mit einem Traumbild zu täuschen. Und so geschah es.

In eben der Nacht sah Philipp im Traum, wie der Gott Ammon seinem Weib Olympias beiwohnte, und nach der Umarmung schien es ihm, als vernähte der Gott ihre Scheide und versiegelte sie mit einem goldenen Ring, und in den Stein des Ringes waren ein Löwenhaupt geschnitten, die Sonnenbahn und ein Schwert. Und danach sprach er zu ihr: «Weib, den hast du empfangen, der dich beschützen soll auch vor seinem Vater Philipp.» Als Philipp dann aus dem Schlaf erwachte, ließ er einen Wahrsager kommen und erzählte ihm den Traum, den er geträumt. Ihm gab der Wahrsager zur Antwort: «König Philipp, wisse fürwahr, daß Olympias, dein Weib, empfangen hat nicht von einem Menschen, sondern von einem Gott. Denn das Löwenhaupt, die Sonnenbahn und das Schwert bedeuten, daß der, den sie gebären wird, in Kriegen bis in den Osten, wo sich die Sonne erhebt, vordringen und mit dem Schwert Städte und Völker unterwerfen soll.»

Unterdes siegte König Philipp im Kampfe. In der Schlacht nämlich erschien ein Drache, der zog vor ihm her und vernichtete alle seine Feinde vor ihm. – Als nun Philipp heimkehrte nach Makedonien, trat ihm im Palast Olympias entgegen, sein Weib, und küßte ihn. König Philipp blickte sie an und sprach zu ihr: «Wem hast du dich hingegeben, Olympias, gegen wen hast du gesündigt? Nein, nicht gesündigt hast du, denn Gewalt ward dir getan von einem Gott. Und ich habe alles, was dir geschehen, im Traum erblickt; tadelsfrei bist du daher vor mir und allen Menschen.»

Eines Tages saß König Philipp zu Tisch mit den Herren und Großen Makedoniens gemeinsam mit Olympias, seinem Weib. Da verwandelte sich Nektanebus mit Zauberkunst in einen Drachen, kroch mitten durch den Speisesaal, in dem Philipp zu Tisch saß, und

zischte so greulich, daß er allen Gästen Furcht und Schrecken einjagte. Er kroch zu Olympias, legte sein Haupt auf ihren Schoß und küßte sie. Als der König dies sah, sprach er: «Olympias, ich sage dir und euch allen, die ihr mit mir speist: Diesen Drachen habe ich gesehen, da ich wider meine Feinde stritt.»

Nach einigen Tagen aber saß Philipp allein in seinem Palast. Da flog ein kleiner zahmer Vogel heran, setzte sich in seinen Schoß und legte ein Ei; das Ei fiel von seinem Schoß zu Boden, daß es zerbrach. Und alsbald kroch ein zierliches Schlänglein heraus, das kroch um das Ei herum, wollte wieder einschlüpfen, doch bevor es den Kopf hineingesteckt hatte, starb es. Als König Philipp dies sah, ward er sehr verstört, rief einen Wahrsager herbei, zeigte ihm das Ei und die Schlange und erzählte ihm, was er erlebt. Da sprach der Wahrsager zu ihm: «König Philipp! Dir wird ein Sohn geboren werden, der soll nach deinem Tode regieren, wird die ganze Welt umkreisen und alle bezwingen. Doch bevor er ins Land seiner Geburt zurückgekehrt ist, wird er sterben in jungen Jahren.»

Unterdes kam die Zeit, da Olympias gebären sollte, und ihr Leib ward geplagt von Wehen. Da ließ sie Nektanebus herbeirufen und sprach zu ihm: «Meister, von schlimmen Schmerzen wird mein Leib

geplagt.» – Nektanebus stellte seine Berechnungen an und sprach zu ihr: «Erheb dich, Königin, ein wenig von deinem Stuhl*, denn zu dieser Stunde werden die Elemente von der Sonne gestört.» So geschah es, und der Schmerz wich von ihr. Und kurz darauf sprach Nektanebus zu ihr: «Setz dich, Königin», und sie setzte sich und gebar.

Und da der Knabe zur Erde fiel, bebte die Erde, es blitzte und donnerte schrecklich, und Wunderzeichen sah man fast überall auf der Erde – es wollte nämlich nicht tagen, und die Nacht schien fast den ganzen Tag zu währen. In Italien fielen damals Felsbrocken aus den Wolken, gemischt mit Hagel, und schlugen auf die Erde wie Steine.

Davon erschrak König Philipp heftig und zitterte, und er ging zu Olympias und sprach zu ihr: «Weib, ich bewegte in meinem Herzen, dies Kindlein solle nie und nimmer großgezogen werden, hab ich es doch nicht gezeugt; doch sehe ich, daß es von einem Gott gezeugt ist, denn die Elemente werden bei seiner Geburt gestört. So werde

* Olympias sitzt also auf einem Geburtsstuhl mit einem halbmondförmigen Ausschnitt, so daß das Kind herausfallen konnte.

es großgezogen mir zum Gedenken, als wäre es mein leiblicher Sohn und als wäre es der, den mir meine frühere Frau* geboren, der mir dahinstarb. Und er soll Alexander heißen.»

Also sprach Philipp, und Dienerinnen zogen das Kindlein mit aller Sorgfalt auf. Ähnlich sah es seinem Vater nicht und nicht seiner Mutter, sondern war von eigener Art. Sein Haupthaar war wie das eines Löwen, seine Augen groß und strahlend, und das eine war dem andern nicht gleich, sondern eins schwarz und blaugrau das andre, seine Zähne waren scharf; ungestüm war er wie ein Löwe, und so sah man ihm an, was einst aus ihm werden sollte. In der Schule dann maß er seine Kräfte mit den Gefährten und war ihnen an Wissen, Beredsamkeit und Gewandtheit hoch überlegen.

Und als er zwölf Jahre alt war, ward er im Kampf unterwiesen, wie er es von den Soldaten sah. Da nun Philipp merkte, wie gewandt Alexander war, freute er sich und sprach zu ihm: «Alexander, mein Sohn! Deine Gewandtheit und Geisteskraft gefallen mir wohl, doch kränkt mich eines – du siehst mir nicht ähnlich.»

* Philipp war vor seiner Ehe mit Olympias (357) nicht verheiratet.

Als aber Olympias dies vernahm, fürchtete sie sich sehr, rief Nektanebus herbei und sprach zu ihm: «Meister, forsche doch aus und erkunde, was Philipp mit mir vorhat, daß er zu Alexander sagte: ‹Mein Sohn, deine Gewandtheit und Geisteskraft gefallen mir wohl, doch dauert mich eins – du siehst mir nicht ähnlich.›» Nektanebus aber hörte das, stellte seine Berechnungen an und sprach zur Königin: «Er sinnt nichts Übles wider dich.» Und wie er es zu tun pflegte, blickte er zu einem Stern empor und las aus ihm, was er zu wissen verlangte.

Da aber Alexander diese Rede hörte, sprach er zu ihm: «Vater, sieht man den Stern, den du berechnest, am Himmel?» Nektanebus gab ihm zur Antwort: «Gewiß, mein Sohn!» Alexander darauf: «Und kannst du mir ihn zeigen?» Nektanebus antwortete: «Folge mir des Nachts aus der Stadt, da will ich ihn dir zeigen.» Sprach Alexander: «Und dein Schicksal, Vater, kennst du es auch?» Nektanebus gab zur Antwort: «Gewiß doch!» Alexander sagte: «Das ist gut; mehr möchte ich davon erfahren. – Welchen Todes du sterben sollst, Vater, weißt du auch das?» Nektanebus darauf: «Fürwahr, ich weiß es, mein Sohn: Von der Hand meines Sohnes werde ich sterben.» So sprach

Nektanebus, stieg vom Palast hinab, und Alexander folgte ihm spätabends aus der Stadt. Als sie nun zusammen über den Graben kamen, der sich um die Stadtmauer zog, sprach Nektanebus zu ihm: «Alexander, mein Sohn, sieh die Sterne, und sieh den Stern des Herkules, wie betrübt er ist, und den Stern des Merkur, wie er vor Freude leuchtet. Jupiters Stern aber erstrahlt hell.» Als nun Nektanebus so zum Himmel blickte, schlich Alexander sich heran, gab ihm einen Stoß, warf ihn in den Graben, der sich um die Stadtmauer zog, und sprach zu ihm: «So, Alter, mußt du enden! Wenn du um Irdisches weißt, was mußt du der Sterne Geheimnisse deuten?» Ihm gab Nektanebus zur Antwort: «Kund war mir, daß ich so enden würde. Habe ich dir nicht gesagt, von der Hand meines Sohnes sollte ich sterben?» Drauf Alexander: «So bin denn ich dein Sohn?» – Nektanebus antwortete: «Gewiß, mein Sohn bist du!» So sprach er und gab seinen Geist auf.

In Alexander aber erwachte die Sohnesliebe, und er hob den Leichnam auf die Schultern und trug ihn zum Palast. Als aber Olympias ihn sah, sprach sie zu ihm: «Alexander, mein Sohn, was ist dies?» Und er gab zur Antwort: «Der Leichnam des Nektanebus ist es.» Und sie sprach: «Nektanebus war dein Vater.» Und er darauf: «Wie du in deiner Torheit getan, so ist es gekommen.» Und die Königin ließ ihn begraben.

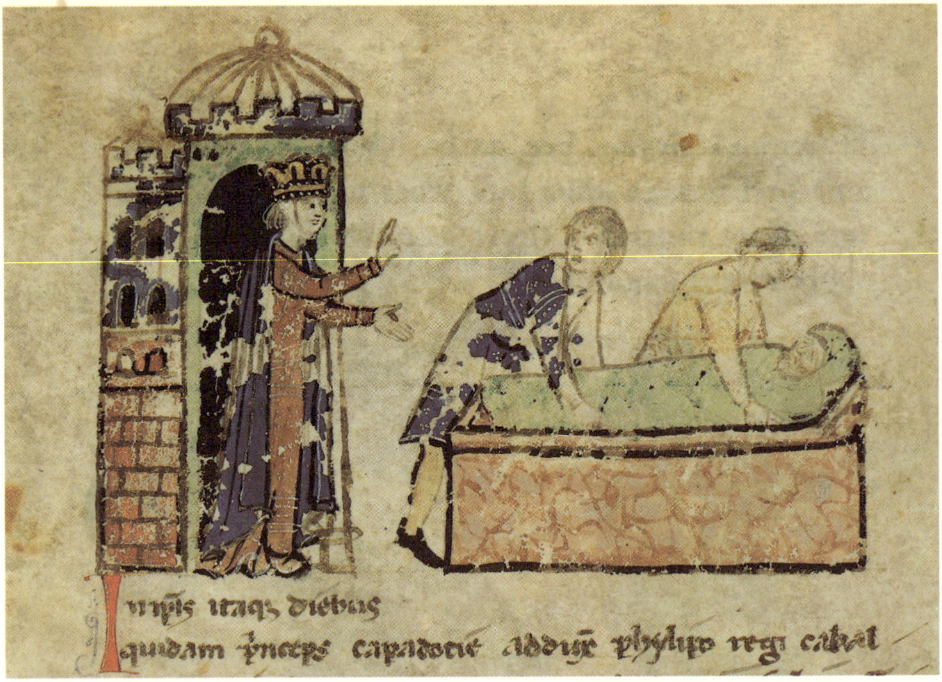

Zu dieser Zeit nun brachte ein Fürst aus Kappadokien dem König Philipp ein ungezähmtes Pferd. Es war groß und wunderschön, doch überall mit Eisenketten gefesselt; es fraß nämlich Menschen. Dies Pferd hieß Bukephalus* wegen seines grimmigen Aussehens, vielleicht auch wegen eines Kennzeichens – ein Stierkopf war nämlich in seine Flanke gebrannt – oder weil aus seiner Stirn etwas wie Spitzen von Hörnern hervorwuchs. – Als König Philipp gesehen hatte, wie schön das Pferd war, sprach er zu seinen Dienern: «Nehmt das Pferd und macht ihm einen eisernen Käfig und sperrt es hinein. Diebe und Räuber, die zum Tode verurteilt sind und den Tieren vorgeworfen werden, soll dieses Pferd fressen.» Und so geschah es.

Unterdes empfing König Philipp von den Göttern den Wahrspruch, nach seinem Tode solle regieren, wer dieses wilde Pferd reiten würde, und deshalb wartete der König im Vertrauen auf das Pferd.

Als dann Alexander im fünfzehnten Jahre stand, war er stark, mutig und klug: Er hatte nämlich die Freien Künste* bei Aristoteles* und Kallisthenes* und Anaximenes* von Athen durchaus studiert.

Eines Tages nun kam er an dem Ort vorbei, wo das ungezähmte Pferd stand; da sah er, wie es in einen eisernen Käfig gesperrt war und ein Haufen Hände und Füße von Menschen vor ihm lag – der war von seinem Futter übriggeblieben. Da staunte er sehr, steckte seine Hand durch das Gitter, und alsbald streckte das Pferd den Kopf vor, leckte ihm die Hand, ließ sich auf die Knie nieder, warf sich zur Erde, richtete seinen Kopf auf und sah Alexander an.

* Das Lieblingspferd Alexanders. Der Name Bukephalos (bous: Stier, kephalé: Kopf) wird teils aus einem Brandmal, teils aus der breiten Stirn des Pferdes erklärt.

* Studien, die einem Freien anstehen, wurden in der Spätantike in eine Gruppe von drei und eine von vier geordnet: Grammatik, Rhetorik, Dialektik – Arithmetik, Geometrie, Astronomie, Musiktheorie.

* Der berühmte Philosoph (384–322) wurde 343/42 zur Erziehung des dreizehnjährigen Alexander berufen.

* Von Olynth (um 370–327), war mit Aristoteles verwandt, wurde dessen Schüler und begleitete ihn als Helfer nach Makedonien; doch war er nicht der Lehrer Alexanders. Später wurde er dessen Hofhistoriker.

* Gemeint ist Anaximenes von Lampsakos, ein Schriftsteller des 4. Jahrhunderts v. u. Z.

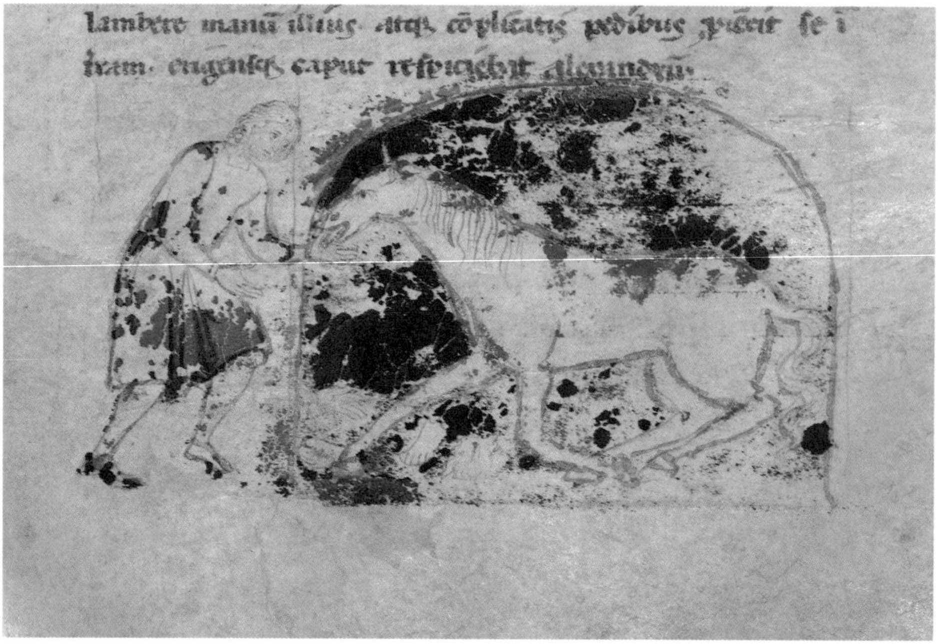

Daran erkannte denn Alexander, was das Pferd wollte, öffnete den Käfig, ging zu ihm hinein und strich ihm mit der Rechten sanft über den Rücken. Sogleich wurde das Pferd ganz zahm – wie ein Hund seinem Herrn schmeichelt, so schmeichelte es Alexander.

Da nun Alexander dies sah, bestieg er das Pferd und ritt hinaus. Als aber König Philipp ihn erblickte, sprach er zu ihm: «Alexander, mein Sohn, die Wahrsprüche der Götter, du sollest nach meinem Tode herrschen, sehe ich jetzt an dir alle erfüllt.» Alexander sprach zu ihm: «Vater, wenn es möglich ist, so laß mich als Wagenlenker ziehen.» Antwortete ihm der König: «Gerne, mein Sohn, tue ich das. Nimm dir hundert Pferde und vierzigtausend Golddukaten und zieh mit gutem Beistand von dannen.» Und so geschah es.

Alexander zog davon mit dem Philosophen Hephästius*, seinem Freund, und er nahm mit sich Geschmeide und Dukaten, und er befahl seinen Soldaten, sie sollten Sorge tragen für die Pferde.

Als aber Alexander auf den Peloponnes kam, zog ihm Nikolaus*, der König dieses Gebietes, mit seinem Heer entgegen, um ihm eine

* Hephaistion war kein Philosoph, sondern der Freund Alexanders.

* Die Gestalt des Königs Nikolaos ist erfunden.

Schlacht zu liefern. Er kam an Alexander heran und sprach zu ihm: «Sage mir: Wer bist du?» Ihm gab Alexander zur Antwort: «Ich bin Alexander, König Philipps Sohn.» Nikolaus sprach: «Was glaubst du, wer ich bin?» Alexander darauf: «Du bist Nikolaus, der König der Aridäer; doch sollte sich dein Sinn nicht in Hochmut versteigen, weil du die Königswürde trägst – es steht nämlich so mit des Menschen Geschick, daß der Große erniedrigt wird, der Geringe aber zur Größe emporsteigt.» Zu ihm sprach Nikolaus: «Wahr hast du gesprochen! Über dich selbst denke nach, denn mein Wesen ist unwandelbar. Doch sage mir die Wahrheit: Warum bist du hierhergekommen?» Alexander gab zur Antwort: «Weiche von mir, Mensch, denn weder hast du gegen mich etwas noch ich gegen dich.» Als er aber diese Rede vernahm, ward König Nikolaus von heftigem Zorn erfüllt und sprach: «Sieh nur, mit was für einem Menschen ich spreche! Beim Heil meines Vaters – wenn ich meinen Speichel in sein Gesicht schleudere, so wird er sterben.» Als er das gesagt hatte, spie er ihn an und sprach: «Nimm das, was dir gebührt, du Hund, wo du nicht rot wirst.» Alexander aber verhielt sich, wie er es gelernt und wie es seiner Herkunft entsprach, und sagte zu ihm: «Nikolaus, ich schwöre dir bei meinem Erzeuger und beim Leib meiner Mutter, in dem ich von einem Gott empfangen ward: Wenn du dich mir beim Wagenrennen stellst, so will ich dich besiegen, und dein Land werde ich mir mit Waffengewalt unterwerfen.» Sie bestimmten miteinander den Tag des Treffens und trennten sich. Alexander kehrte heim zu seinem Vater, rüstete ein Heer, und so kam der Tag, an dem sie beide im Kampf aufeinandertrafen. Es tönten die Kriegsdrommeten durch die Reihen, alle rückten geschlossen vor und kämpften tapfer miteinander. Alexander tötete mit eigener Hand Nikolaus und viele aus seinem Heer. An diesem Tag errang Alexander einen glänzenden Sieg und unterwarf sich des Nikolaus Reich. Seine Soldaten aber gaben ihm und seinem Pferde die Krone, und er kehrte siegreich im Triumph zu seinem Vater zurück.

Seinen Vater Philipp fand er, wie er beim Hochzeitsschmaus saß. Er hatte nämlich Alexanders Mutter Olympias verstoßen und sich die Tochter irgendeines Mannes angetraut, die hieß Kleopatra*. Alexander aber ging hinein zu der Hochzeitsgesellschaft und sprach zu seinem Vater: «Vater, nimm hier den Siegeskranz von meinem ersten Kampf; doch wenn ich einst die Hochzeit meiner Mutter feire und ihr einen König zum Gatten gebe, will ich dich zu dieser Hochzeit nicht einladen.» Als das einer der Gäste, Lysias mit Namen, hörte, sprach er: «König Philipp! Kleopatra wird dir einen Sohn schenken, der wird dir ähnlich sehen und soll nach deinem Tode regieren.» Alexander vernahm diese Worte, erzürnte heftig, griff Lysias an und zerhieb mit einem Stock, den er in der Hand hielt, sein Haupt, daß er starb. Als nun Philipp das sah, stand er vor Gram auf, wollte sich auf Alexander stürzen und ihn mit dem Schwert niedermachen, doch da schlug er hin. Und Alexander sprach zu ihm: «Philipp – Europa hast du unterworfen und Asien zum Teil; wie kannst du nicht auf deinen eigenen Füßen stehen?» Da solches geschah, verliefen sich die Hochzeitsgäste voll Schrecken. Da ward König Philipp krank.

* Heiratete sehr jung Philipp im Jahre 337. Kleopatra, ihre Tochter Europa, Attalos und andere wurden nach Philipps Tod teils auf Betreiben Olympias', teils auf Befehl Alexanders ermordet.

Nach einigen Tagen jedoch ging Alexander, ihn zu besuchen, und sprach zu ihm: «Philipp, wiewohl es sich nicht gebührt, daß ich dich mit Namen anrede, so will ich mit dir doch nicht sprechen wie ein Sohn zu seinem Vater, sondern wie ein Freund zum Freunde. Versöhne dich mit deinem Weib, an dem du übel gehandelt; und kümmere dich nicht um des Lysias Tod. Gut habe ich daran getan, daß ich ihn erschlug; er durfte nämlich vor mir so nicht reden. Du aber hast übel daran getan, mich anzugreifen, um mich mit dem Schwert zu erschlagen.» Als Alexander so sprach, weinte Philipp und Alexander mit ihm.

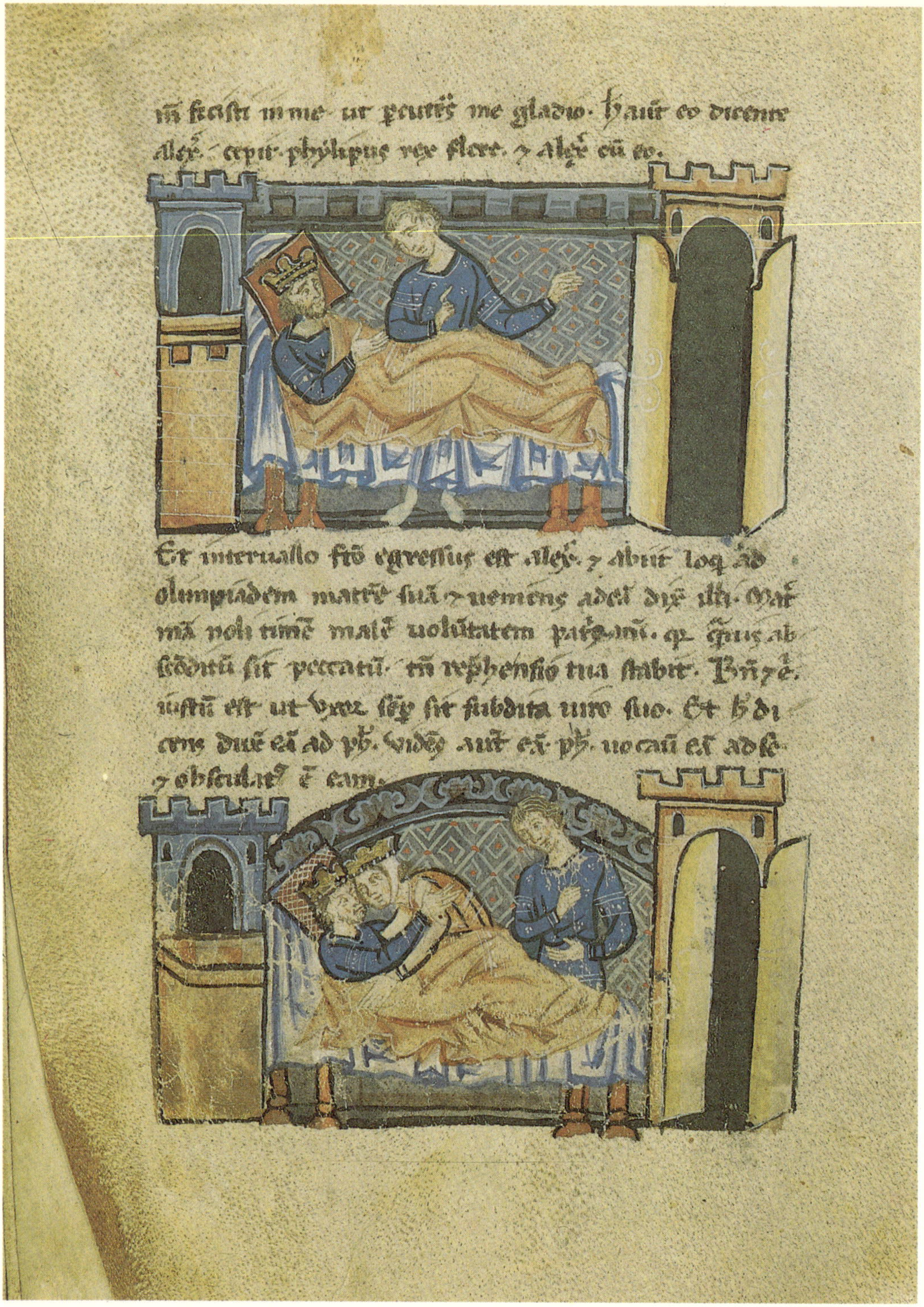

m̄ fecisti in me ut percuteres me gladio. Hec aūt eo dicente
alex. cepit phylippus rex flere. ⁊ alex. cū eo.

Et interuallo facto egressus est alex. ⁊ abiit loqui ad
olimpiadem matrem suā ⁊ ueniens ad eā dix. illi. Ma
ma noli timere malā uoluntatem patris mei. quia quamuis ab
scondita sit peccatū. tamen rephensio tua stabit. Bonū ē.
iustū est ut uxor semper sit subdita uiro suo. Et hec di
cens duxit eā ad ph. Videns aūt eā ph. uocauit eā ad se
⁊ obsculatus ē eam.

Nach einer Weile ging Alexander hinaus und lief zu seiner Mutter Olympias, mit ihr zu sprechen. Und da er zu ihr kam, sagte er zu ihr: «Mutter, trage nur keine üblen Absichten wider meinen Vater; denn wiewohl dein Fehltritt im Dunkel blieb, wirst du doch nicht tadelsfrei. Gut ist es nämlich und richtig, daß das Weib stets untertan ist seinem Gatten.» So sprach er und brachte sie zu Philipp. Als aber Philipp sie sah, rief er sie zu sich und küßte sie.

Unterdes kamen Kleinkönige, die von Kaiser Darius zu König Philipp geschickt waren, die sollten den üblichen Tribut* einfordern. Als jedoch Alexander sie sah, sprach er zu ihnen: «Geht und sagt eurem Kaiser Darius: Als Philipp keinen Sohn hatte, legte eine Henne ihm goldene Eier; jetzt aber, da Philipp ein Sohn geboren, ist die Henne unfruchtbar geworden.»

Als sie solches gehört, verwunderten sich die Gesandten des Darius sehr über die Klugheit und die Worte Alexanders, und sie kehrten zu Darius zurück.

Unterdes ward König Philipp gemeldet, zu den Waffen wider ihn habe gegriffen die Provinz Armenien*, die ihm untertan war. Und er

* Philipp war den Persern nicht tributpflichtig.

* War nicht makedonische Provinz.

rüstete ein Heer und schickte Alexander dorthin, sie zu unterwerfen.

Damals lebte nun in Bithynien ein Mann namens Pausanias*, Sohn des Kerastus, der von Orestes abstammte – kühn und behend und Philipp untertan; der begehrte Olympias seit langer Zeit. Dieser Pausanias zettelte eine Verschwörung gegen König Philipp an, brachte viel Volks zusammen und rückte mit seinen Soldaten feindlich nach Aegeae gegen König Philipp. Davon hörte Philipp, zog ihm mit wenigen im Feld entgegen, sah die Unzahl des Volkes, das mit Pausanias kam, und floh. Pausanias verfolgte ihn, warf die Lanze und durchbohrte seinen Rücken. Doch wiewohl er schrecklich durchbohrt war, verließ ihn doch nicht sogleich das Leben, sondern er lag halbtot im Feld.

Da war nun große Unruhe in Philipps Reich, denn man glaubte ihn tot. Wegen seiner Tat wuchs die Kühnheit des Pausanias noch, und frech betrat er die Stadt Ion und ging in König Philipps Palast,

* Hat angeblich aus persönlichen Motiven, wohl aber auf Betreiben Olympias', Philipp im Jahre 336 auf der Hochzeit von Alexanders Schwester Kleopatra ermordet. Er wurde entweder sofort niedergemacht oder später hingerichtet. – Die Tat geschah im Beisein Alexanders.

daß er Olympias raube und wegschleppe. Da geschah es nun, daß Alexander aus Kleinarmenien siegreich heimkehrte, und als er kam, fand er das Reich seines Vaters in schlimmen Wirren. Olympias aber kam von einem unbekannten Ort des Palastes gelaufen, begann zu schreien und rief ihm zu: «Alexander, mein Sohn! Was ist mit deiner Sieghaftigkeit, was mit dem Wahrspruch, den du von den Göttern empfangen, daß du Sieger bliebest und mich und deinen Vater rächtest?» – Als Pausanias das hörte, warf er sich alsbald mit all seinen Leuten Alexander entgegen. Alexander nun sah ihn, griff ihn an, riß das Schwert heraus, durchbohrte ihn, und Pausanias starb.

Einer aber der Umstehenden sprach zu Alexander: «König Alexander, dein Vater Philipp ist tot und liegt auf dem Feld.» Alexander hörte das und eilte zu ihm; und als Alexander kam, fand er ihn halbtot auf der Erde liegen und weinte bitterlich. König Philipp aber blickte ihn an und sprach zu ihm: «Alexander, mein Sohn! Froh sterbe ich nun, denn du hast mich gerächt, da du meinen Mörder erschlugst.» So sprach Philipp und verschied. – Alexander beweinte den Tod seines Vaters, er begrub ihn mit allen Ehren und kehrte zurück zum Palast.

Als nun ein neuer Tag anbrach, saß Alexander auf dem Thron seines Vaters auf erhöhtem Platz, und da sich vor ihm eine Menge Volks versammelt hatte, sprach er: «Männer Makedoniens, Thrakiens, Thessaliens und Griechenlands und ihr anderen! Seht her und blickt auf Alexander, und alle Furcht vor den Barbaren wird von euch weichen. Mich sollen sie fürchten», sprach er, «denn ich will sie mir untertan und euch zu Knechten machen. Wer von euch aber keine Waffen besitzt, nehme sie aus meinem Palast und rüste sich zum Kampf, und wer Waffen hat, der waffne sich mit ihnen.» Als dies die schon alten Soldaten hörten, antworteten sie alle mit einer Stimme und sprachen: «König Alexander! Viele Jahre lang dienten wir unter deinem Vater, und so ist uns keine Kraft geblieben, die Mühen der Schlacht zu ertragen, denn wir sind gealtert, sind schon Greise geworden. Hebe doch lieber junge Leute aus, mit denen magst du kämpfen, daß wir, die wir so lange im Felde gestanden, vom Kriegsdienst befreit werden.» Da antwortete Alexander und sprach zu ihnen: «Lieber will ich euch als Soldaten haben denn junge Leute, weil der Jüngling auf seine Jugend setzt und rasch zu Tode kommt, der Greis aber tut alles mit Bedacht.» Da Alexander so sprach, priesen alle einmütig seine Weisheit, und auch die alten Soldaten wollten weiter dienen.

Nach ein paar Tagen war ein Heer gerüstet, und er kam an einen Ort, der heißt Tragakantes*, und schlug sein Lager auf. Dort fand er einen Apollotempel, darin wollte er Opfer darbringen und um einen Wahrspruch bitten, doch ward ihm von der Priesterin dieses Tempels, einer Jungfrau, die griechisch Zakora* heißt, die Antwort: «Nicht ist jetzt die Stunde der Wahrsprüche.»

Am nächsten Tag aber kam Alexander wiederum zum Apollotempel, brachte Opfer dar, und alsbald rief Apollo ihn an und nannte ihn «Herkules». Da gab ihm Alexander zur Antwort: «Ach Apollo, Herkules nennst du mich. So werden sich deine Wahrsprüche nicht erfüllen.» Und er ging von dannen, rückte mit dem Heer ab und unterwarf Illyrien*, kam nach Salonae* und machte es sich untertan.

* Gemeint ist Akragas, Agrigent, auf Sizilien, wo ein Herkulestempel steht.

* Heißt «Priesterin» und wurde von dem lateinischen Übersetzer für einen Eigennamen gehalten.

* Der Nordwesten der Balkanhalbinsel; die Illyrer warf Alexander 335 nieder.

* Wichtige dalmatinische Hafenstadt an der Adria, beim heutigen Split.

Altera autem die uenit Alex. De responsis apolinis
ad templum apollinis et fecit ibi uictimas. Statimque uocauit
eum apollo dicens. Hercule. Cui Alex. dixit. apollo me uocasti
Herculem. Ergo perierunt responsa tua. Et exiens inde cum
omni exercitu subiugauit eam.

Exiensque inde et nauigio pelago ingressus est italiam. Con
sules autem romanorum audientes aduentum Alex. timuerunt
ualde. Et mandauerunt ei sex milia talenta auri. id est
libras sexcentas. et coronas aureas nouem cephala centum. Depreca
tes illum ut concederet illis pugnam factumque est.

Er zog weiter, überquerte das Meer und betrat italischen Boden. Die römischen Konsuln* nun hörten von Alexanders Ankunft und gerieten in Furcht und Schrecken; sie schickten ihm sechstausend Talente Goldes und zwölftausend Gewichte Silbers, das sind sechshundert Pfund, und neuntausendeinhundert Goldkronen und baten ihn, er möge ihnen die Schlacht schenken. Und so geschah es.

Und darauf durchquerte er die Fluten des Meeres, gelangte nach Afrika und machte es sich untertan. Dann verließ er Afrika und befahl seinen Soldaten, mit ihm an Bord von Schiffen zu gehen und auf die Insel Pharanitidas* zuzusteuern, daß er Ammon, den Gott, befrage. Und so geschah es. Als sie aber zum Ammontempel* zogen, traf er unterwegs auf einen Hirsch, den befahl er seinen Soldaten zu erlegen. Doch wie viele Pfeile sie auf ihn schossen, so konnten sie ihn doch nicht einmal verwunden. Da nahm Alexander Pfeil und Bogen und sprach zu ihnen: «So schießt man mit Pfeilen!» und erlegte ihn sogleich. Seit diesem Tage heißt der Ort «Pfeilen». Und Alexander betrat den Ammontempel und brachte Opfer dar.

Darauf rückte er mit seinem Heer in ein Gebiet, das heißt Taphosiris*; dort waren fünfzehn Ortschaften und zwölf Flüsse*, die strömten ins Meer. Und ein Tempel war da, dessen kunstvoll gearbeitete Pforten waren geschlossen. Dort brachte er Opfer dar und flehte zu den Göttern, daß sie ihm die Wahrheit verkündeten über alles Künftige. Und so geschah es.

In derselben Nacht noch erschien Alexander im Traum der Gott Serapis und sprach zu ihm: «Kannst du diesen Berg verrücken und ihn tragen?» Alexander antwortete: «Herr, wie sollte ich ihn tragen können?» Sprach Serapis: «Wie dieser Berg nicht von seinem Platz gerückt werden kann, so kann dein Name nicht und nicht dein Schicksal verrückt werden.» Darauf flehte Alexander ihn an und

* Die Passage hat antirömische Tendenz. – Alexander hat nicht mit den Römern gekämpft. Möglicherweise hat der römische Senat später Gesandte zu Alexander nach Babylon geschickt.

* Wohl die Insel Pharos vor Alexandria.

* Hier klingt der Zug Alexanders zur Ammonsoase in Siwah an, wo er als Gottessohn begrüßt wurde.

* Taphoris – Ort in der Landschaft Mareotis im nordwestlichen Nildelta.

* Es sind die Kanäle der zwölf großen Querstraßen Alexandrias zur Zeit der Ptolemäer gemeint.

sprach: «Ich bitte dich, Serapis, sage mir doch, welchen Todes ich sterben soll!» Serapis gab ihm zur Antwort: «Seinen Grund hat es und geschieht ohne Hinterlist, daß kein Mensch die Stunde seines Todes kennt. Doch weil du mich bittest, so will ich dir sagen: Eines verdienten Todes wirst du sterben durch einen Trank. Doch grüble nicht darüber, zu welcher Stunde du den Trank nimmst und Schwäche dich packt; sterben wirst du in deiner Jugend und viel Schlimmes durchmachen.» Als nun Alexander vom Schlaf erwachte, war er tieftraurig. Er befahl einem Teil seines Heeres, nach Askalon zu marschieren und ihn dort zu erwarten.

Er aber blieb und ließ eine Stadt seines Namens errichten und nannte sie Alexandria*. Wiewohl sein Baumeister Dinokrates zufällig nicht da war, ließ er dennoch die Gemarkung der Stadt mit Kreide bezeichnen. Alsbald kamen unzählige Vögel herbeigeflogen, setzten sich zur Kreide und pickten sie auf. Alexander aber war darüber verstört und fürchtete sehr, die Stadt solle nicht dauern, sondern werde untergehen. Da sprachen die versammelten Priester Ägyptens wie mit einer Stimme zu ihm: «König Alexander!

* Wurde 332/31 gegründet.

16
fuit Ciuitas Alexandria a serpentibus
Iterum audientes egyptii adventum Alex. exierunt obviam illi et subiugati sunt ei
Intrantes ergo.
In egyptum invenit ibi statuam regalem ex lapide nigro.
et videns illam dixit. Hec statua cuius est. Responderunt egy

Erschrick nicht über das Geschehene, sondern bau die Stadt auf, wie du es begonnen; denn dies Zeichen bedeutet, die Stadt werde viel Volkes nähren.» Des freute sich Alexander tief und ließ sie sogleich erbauen. Und er brachte aus Ägypten die Gebeine des Propheten Jeremias herbei und ließ sie sorglich im Weichbild der Stadt beisetzen, daß die Nattern von ihrem Boden und die Schlangen (Ophiomache und Krokodile genannt) aus ihren Kanälen gebannt blieben. Und so geschah es. Von diesem Tag an blieb die Stadt Alexandria von Schlangen verschont.

Unterdes hörten die Ägypter von Alexanders Ankunft* und zogen ihm entgegen. Sie unterwarfen sich ihm und geleiteten ihn mit allen Ehren nach Ägypten.

Als er nun nach Ägypten kam, da fand er ein Königsstandbild aus schwarzem Stein; und wie er es anblickte, sprach er: «Wes Standbild ist dies?» Antworteten die Ägypter und sprachen: «Des Königs der Ägypter Nektanebus Standbild ist es.» Alexander hörte dies und sagte: «Nektanebus war mein Vater.» So sprach er, sprang vom Pferd

* Tatsächlich begrüßten die Ägypter Alexander als Befreier von den Persern und neuen Pharao.

zu Boden, umschlang das Bild, küßte es, und da er sich niederbeugte, las er die Inschrift, die zu Füßen des Bildes geschrieben stand.

Dann hob er Truppen aus und zog weiter nach Syrien. Die Syrer aber leisteten ihm mannhaft Widerstand. Als er dort weilte, kamen viele Könige zu ihm mit Gaben; die einen bestätigte er, die andern setzte er ab, und die dritten ließ er töten. Als Syrien verwüstet war, zog er nach Damaskus*, eroberte und nahm es. Dann unterwarf er Sidon und schlug sein Lager auf bei der Stadt Tyrus*. Da ließ er dem Hohenpriester der Juden, Jaddus* mit Namen, einen Brief überbringen und forderte ihn auf, ihm Hilfsmittel zu schicken und seinem Heer Güter (oder Waren, wie man gewöhnlich sagt) bereitzustellen, und so viel Steuern sollten sie an ihn zahlen wie früher an Darius; lieber sollte er mit den Makedoniern Freundschaft halten als mit den Persern. – Der Hohepriester der Juden gab den Überbringern des Briefes zur Antwort, Darius habe er geschworen, nimmer die Waffen zu erheben gegen ihn, und solange Darius lebe, könne er den Treuschwur nicht brechen.

Als aber Alexander dies hörte, zürnte er heftig wider den Hohenpriester der Juden und sprach: «Solche Rache werde ich an ihm und seinen Leuten nehmen, daß alle von ihnen erkennen, wessen Befehlen man folgen soll.» Doch Tyrus wollte er nicht aufgeben.

In derselben Nacht sah Alexander im Traum, wie er in der Hand eine Weintraube hielt, sie zur Erde warf, mit den Fersen zerstampfte und Wein aus ihr preßte. Als er sich vom Schlaf erhob, ließ er seinen Wahrsager herbeikommen und erzählte ihm den Traum, den er geträumt. Ihm sagte der Wahrsager: «König Alexander, wisse fürwahr, daß die Traube, die du in Händen gehalten, zur Erde geworfen und mit den Füßen zerstampft hast, diese Stadt ist, die du nehmen und dem Erdboden gleichmachen sollst; und der Wein, den du aus der Traube preßtest, ist das Menschenblut, das du in ihr vergießen wirst.» Als Alexander das hörte, zog er ein Heer zusammen,

* Im Jahre 332 durch Parmenion genommen.

* Die monatelange Belagerung und die schließliche Einnahme von Tyros und Gaza liegt vor dem Einzug in Ägypten.

* Die jüdische Erfindung des Verhältnisses zwischen Alexander und Jaddus erzählt schon der jüdische Historiker Josephus (37–95).

berannte die Stadt, nahm sie und machte sie dem Erdboden gleich; und noch zwei andere Städte zerstörte er ganz und gar. Ja die Tyrer hatten von Alexander solche Schrecknisse zu dulden, daß sie sich noch heute ihrer entsinnen. Darauf durchzog er Kilikien und Rhodus und verbreitete Furcht und Schrecken, und dann zog er eilends hinauf nach Jerusalem.

Da aber Jaddus, der Hohepriester der Juden, von dem Nahen Alexanders hörte, fürchtete er sich sehr, berief die Juden zusammen und befahl ihnen dreitägige Fasten; Gebete und Opfer sollten sie Gott darbringen. In derselben Nacht erschien ihm nach dem Opfer Gott und sprach zu ihm: «Fürchte dich nicht, sondern schmücke sogleich die Straßen der Stadt und öffne die Tore, und mit weißen Kleidern angetan ziehe das Volk hinaus; du aber geh mit den übrigen Priestern ihm entgegen in Meßgewändern, wie der Brauch sie verlangt, und säumt nicht!» – Als Jaddus vom Schlaf erwachte, rief er die Juden zusammen und erzählte ihnen den Traum, den er geträumt, und gebot ihnen zu tun, wie es ihm im Traum gesagt worden war. Und sogleich zog er aus der Stadt gemeinsam mit den

Priestern und der Bürgerschar und gelangte zu einem Ort, der heißt Skopulum. Von dem aus erblickt man Jerusalem und den Tempel; da harrten sie der Ankunft Alexanders. Alexander näherte sich unterdes dem Ort und sah die Menge des Volkes, gekleidet in weiße Kleider, und die Priester in Meßgewändern aus feinstem Linnen, auch den Hohenpriester angetan mit einem Gewand von Purpur und Gold, der Tiara auf dem Haupt und einer Goldplatte, auf der die vier Buchstaben des Namens Gottes* geschrieben standen, und sogleich ließ er all die Seinen anhalten; allein zog er den Juden ent-

gegen, warf sich vom Pferd zu Boden, betete den Namen Gottes an und verehrte den Hohenpriester der Juden. Sogleich grüßten alle Juden Alexander und riefen: «Es lebe König Alexander!»

Als dies die syrischen Könige sahen, waren sie erstaunt und wunderten sich. Einer aber von seinen Führern, namens Parmenion, fragte Alexander und sprach: «Großer Herrscher! Warum hast du, da alle dich verehren, den obersten der jüdischen Priester und des jüdi-

* Das «Tetragramm» jhwh (Jahwe, fälschlich Jehova).

schen Volkes verehrt?» Ihm gab Alexander zur Antwort: «Nicht ihn habe ich verehrt, sondern den Gott, dessen Priesteramt und Priesterwürde er ausübt. Denn im Traum habe ich ihn in solcher Kleidung geschaut, da ich noch in Makedonien weilte und in meinem Herzen bewegte, wie ich Asien besiegen könnte; damals drang er in mich, nicht zu säumen, sondern zuversichtlich übers Meer zu ziehen, denn stets werde er mein Heer führen und mir Gewalt über die Perser verleihen. Weil ich bisher keinen andern in dieser Kleidung erblickt habe und, als ich hinsah, mich des nächtlichen Traumbildes entsann, habe ich ihn gegrüßt. Daher glaube ich, mit göttlichem Beistand Darius mir zu unterwerfen und die Kraft der Perser zu brechen, und ich vertraue darauf, daß alles, was mein Herz begehrt, geschehen wird.» So sprach er, zog mit den Priestern in die Stadt, betrat den Tempel Gottes und brachte Gott Opfer dar, wie der Hohepriester es ihm wies.

Als ihm nun von den Priestern das Buch Daniel* vorgelegt wurde, in dem geschrieben steht, ein Grieche werde die Macht der Perser

* Auf Alexander beziehen sich mehrere Visionen im Buch Daniel (entstanden erst zur Zeit Antiochus' IV., 175–164).

brechen, glaubte er von sich, er sei derjenige, auf den die Schrift hindeutet, und er freute sich und brachte sogleich dem Hohenpriester und den übrigen Priestern viele Geschenke dar und forderte sie auf, von ihm zu verlangen, welche Schenkungen sie von ihm entgegennehmen wollten. Der Hohepriester der Juden bat ihn: «Erlaube uns, daß wir nach den Gesetzen unserer Väter leben», und er möge anordnen, daß sie jedes siebente Jahr keinen Tribut zu zahlen brauchen. Alles gewährte Alexander. Darauf forderte er, er möge anordnen, daß die Juden, die in Babylon und Medien weilen, nach ihren Gesetzen leben können. Alexander versprach bereitwillig, zu tun, was Jaddus verlangte.

Nachdem Alexander so die Dinge in Jerusalem geordnet und Andromachus als Statthalter dortgelassen hatte, führte er das Heer gegen andere Völker, und wohin er auch kam, von allen wurde er freundlich aufgenommen.

Zu dieser Zeit waren Tyrer, die den Händen Alexanders entronnen waren, nach Persien gelangt und berichteten dem Kaiser Darius alles, was sie von Alexander zu erleiden hatten. Als nun Kaiser Darius dies hörte, forschte er sie eifrig aus nach dem Aussehen und der Gestalt Alexanders. Sie zeigten ihm auf Pergament ein Bild Alexanders.

Als Darius es sah, war es ihm verächtlich wegen der Statur Alexanders, und er schickte ihm einen Spielball und eine Peitsche aus Ruten, die oben gebogen sind, daß er damit spiele, und eine goldene Schale mit einem Brief*, in dem stand:

«Ich, Darius, König der Könige auf Erden, Verwandter des Sonnengottes, der erstrahlt mit den Göttern Persiens, Meinem Diener Alexander zum Gruß. Kürzlich kam Uns zu Ohren, daß du in deiner eitlen Ruhmsucht gegen Uns ziehst in feindlicher Absicht, irgendwelche Straßenräuber zusammengezogen hast und mit der Unzahl der Perser kämpfen willst. Wenn du die Menschen der ganzen Welt um dich scharen könntest, wärst du doch nicht in der Lage, den Massen der Perser zu begegnen, denn der Unzahl der Perser kommen nur die Sterne am Himmel gleich und der Sand, der das

* Den ersten Brief des Perserkönigs erhielt Alexander im Jahre 333 nördlich von Tyros; darin forderte dieser die Rückgabe der königlichen Familie.

19
pore Tyri qui effugerant de manu Alexandri. Abierunt quidam
et narraverunt Dario imperatori omnia que passi sunt ab Alexan-
dro. Audiens hec Darius sciscitatus est ipsos de aspectu et sta-
tura Alexandri. At illi ostenderunt ei imaginem Alexandri depictam
in membrana.
alex.
Qui cum vidisset illam, despexit eam pro parvitate forme eius et
statim direxit ei pilam ludricam et virgam curvam in capite,
que grece scocanis dicitur, cum qua luderet, et cantrum aureum,
epistolam continentem ita.

Ufer des Meeres bedeckt. So solltest du dich des schämen, was du getan hast. Daher befehle Ich dir: Wende deine Schritte rückwärts, kehre heim zu deiner Mutter und ruhe dich in ihrem Schoß aus. Sieh her: Da schicke Ich dir einen Spielball und eine Peitsche zum Spielen und eine goldene Schale, mit der kannst du dich üben und dir lustige Dinge ausdenken. – Mir ist aber klar, daß du arm bist und jämmerlich Not leidest. So viel Gold ruht in Persien, daß es heller strahlt denn die Sonne. Du aber zieh schnell von dannen und laß ab von deiner Torheit und teuflischen Ruhmsucht; so du aber nicht abläßt von ihr, schicke Ich dir Soldaten entgegen, die werden dich fangen nicht als Philipps Sohn, sondern wie einen Räuberhauptmann; und dann lasse Ich dich ans Kreuz schlagen.»

Da aber des Kaisers Darius Boten zu Alexander kamen, überbrachten sie ihm den Brief zugleich mit der goldenen Schale, dem Ball und der Peitsche. Alexander ließ den Brief vor allen seinen Soldaten verlesen.

Seine Soldaten hörten ihn und waren sehr niedergeschlagen. Als aber Alexander sah, wie bekümmert sie waren, sprach er: «Ach ihr tapferen Mitstreiter! Was seid ihr verstört durch die Worte des Briefes von Darius? Wißt ihr denn nicht, daß ein Hund, der laut

bellt, nicht beißt? Wir also wollen gern glauben, daß der Brief manch Wahres sagt, nämlich was die Unmenge Goldes betrifft, die Darius angeblich hat. Deshalb wollen wir kraftvoll und unerschrocken mit ihnen kämpfen – und das nicht umsonst, denn um der Menge ihres Goldes willen kämpfen wir gegen sie.» So sprach er und befahl seinen Soldaten, die Boten des Darius zu fassen und ans Kreuz zu schlagen. Die aber schrien zu Alexander und sprachen: «Herr König,

welche Schuld haben wir?» Ihnen gab Alexander zur Antwort: «Die Worte eures Kaisers, der euch zu mir als einem Räuber schickte, lassen mich so handeln.» Sie aber antworteten: «Darum hat unser Kaiser solches geschrieben, daß er euch und eure Erhabenheit nicht kennt. Doch nun sind wir gekommen und haben eure unermeßliche Hoheit und Größe gesehen; so laßt uns unsere Schritte rückwärts wenden: Durch uns wird dein Name gepriesen werden.»

Als aber Alexander dies hörte, ließ er sie frei und befahl, sie an seinen Tisch zu laden. Da sie nun bei ihm saßen und mit ihm speisten, sprachen sie zu Alexander: «Herr König, wenn es Eurer Macht gefällt, so laßt tausend Ritter mit uns ziehen, und wir werden Euch Darius ausliefern.» Ihnen gab Alexander zur Antwort: «Freut euch, daß ihr zu Gast bei mir seid, denn für den Verrat an eurem Kaiser werdet ihr keinen einzigen Soldaten bekommen.»

Am folgenden Tag nun ließ Alexander dem Kaiser Darius einen Brief schreiben, in dem stand:

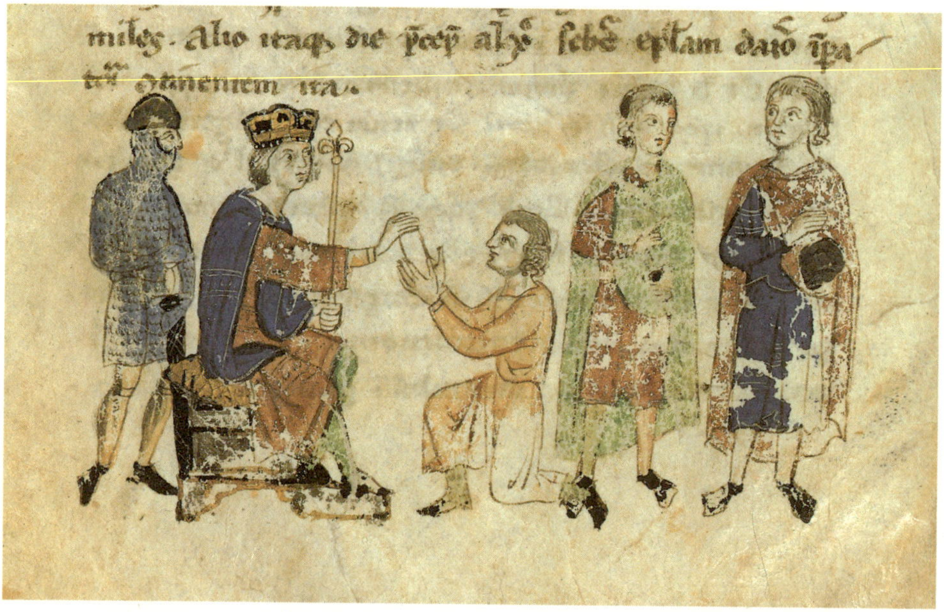

«Wir, Alexander, Sohn Philipps und der Olympias, übermitteln dem König des Erdenreichs Darius, Verwandten des Sonnengottes, der erstrahlt mit den persischen Göttern, und vermelden ihm: Schmach ist es und Schande für einen so glänzenden und überragenden Kaiser, einem kleinen Menschen solche Worte zu schreiben, wo Du doch täglich in der Gefahr lebst, von mir getroffen zu werden, der Du ein Verwandter des Sonnengottes bist und auf dem Throne des Mithras sitzt und erstrahlst mit den persischen Göttern. Die unsterblichen Götter nämlich erzürnen, wenn sterbliche Menschen sich zu ihren Genossen aufschwingen wollen. Sterblich bin ich in der Tat, und ich komme zu Dir, wie mit einem sterblichen Menschen zu kämpfen. Doch Du, der Du groß bist und erhaben, wirst, wenn Du anrückst, mit uns streitest und uns besiegst, keinen Ruhm davontragen, da Du einen Straßenräuber besiegtest; wenn aber ich Dich besiege, erwerbe ich höchsten Ruhm, da ich den allermächtigsten Kaiser überwand. Mit dem Golde, das Du besitzt, wie

Du sagst, hast Du unser Verlangen angestachelt und uns in unserer unerschrockenen Tapferkeit bestärkt, damit wir Gold erwerben und die Armut, die wir leiden, wie Du sagst, von uns vertreiben. Darum aber, daß Du uns einen Spielball geschickt hast und eine Peitsche zum Spielen und eine goldene Schale, mit der ich mich üben und mir lustige Dinge ausdenken kann, ist mir, glaube ich, für die Zukunft dieses bestimmt: Durch die runde Kugel erkenne ich, daß mir die Herrschaft über den ganzen Erdball zufallen wird; durch die Peitsche erkenne ich, daß, wie sie vorn gebogen ist, vor mir alle großmächtigen Könige ihre Häupter beugen werden; durch die goldene Schale erkenne ich, daß ich siegreich bin und Tribut erhalten werde von allen, da doch Du, der Du groß bist und erhaben, vor allen andern uns als erster als Tribut die goldene Schale geschickt hast.»

Als aber der Brief geschrieben war, rief er die Boten des Kaisers Darius zu sich, reichte ihnen wunderschöne Gaben und den Brief gleichermaßen und ließ sie ziehen. Danach rückte Alexander mit seinem Heer ab.

Als Darius den Brief erhalten und gelesen hatte, war er aufgebracht und schickte seinen Satrapen sogleich folgendes Schreiben:

«Ich, der Perserkönig Darius, entbiete Primus und Antilochus*, meinen Satrapen, meinen Gruß. Wir haben gehört, daß den Makedonier Alexander, Sohn Philipps, Torheit hingerissen hat und er ins asiatische Land zog, das Uns gehört, und er es ausplündert. Deshalb befehle Ich euch, wie es sich für so große und tapfere Männer, Stützen Meines Reiches, gebührt, ihn zu fassen und zu Mir zu bringen, daß Ich ihn züchtige wie ein Kind, ihm Purpurkleider* anlege und ihn heimschicke nach Makedonien zu seiner Mutter Olympias, denn es schickt sich nicht für ihn, Krieg zu führen, sondern in seiner Provinz zu bleiben und wie ein Knabe mit Knaben zu spielen.»

Als die Satrapen das Schreiben gelesen hatten, sandten sie Darius zur Antwort folgenden Brief zurück:

«Dem Perserkönig und großen Gott Darius entbieten die Satrapen Primus und Antilochus ihren Gruß. Eurer Hoheit tun wir zu wissen, daß der Knabe, wie Ihr ihn nennt, Alexander unsere Provinz zer-

* Die Briefe sind fingiert.

* Purpurstoffe waren in römischer Zeit für die kaiserliche Amtstracht charakteristisch.

stört hat. Zwar hatten wir ein großes Heer zusammengezogen und mit ihm gekämpft, sind aber geflohen und mit knapper Not seinen Händen entkommen. Und in der Tat müssen wir, die Ihr Stützen Eures Reiches geheißen, Euch um Hilfe angehen. Da Du aber vorschlugst, ihm Purpurkleider anzulegen, so wisse, daß er die Stadt Tyrus dem Erdboden gleichgemacht hat.»

Als aber Darius diesen Brief gelesen hatte, kam unerwartet ein weiterer Bote mit der Nachricht, daß Alexander über den Fluß, der Granicus* heißt, gerückt sei. Als Kaiser Darius das hörte, schrieb er Alexander einen Brief, in dem stand:

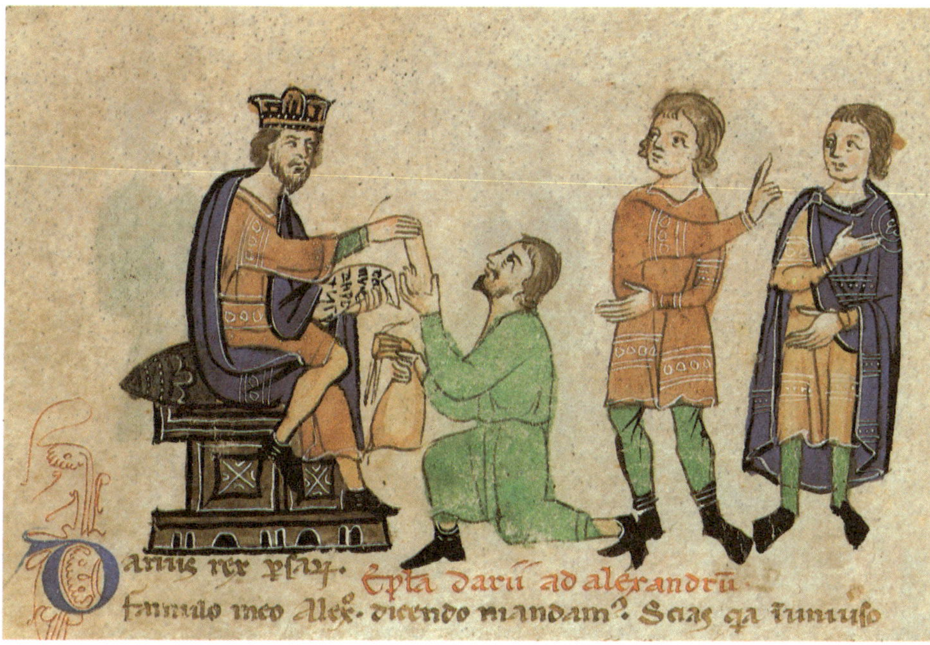

«Ich, der Perserkönig Darius, sage Meinem Knecht Alexander und gebe ihm zu bedenken: Wisse, daß des Darius Name in aller Welt gepriesen wird, ja selbst die Götter preisen seinen Namen. Wie konntest du also wagen, Flüsse, das Meer und Gebirge zu überschreiten und gegen Mich zu ziehen? In der Tat gereichte es dir zu hohem Ruhme, könntest du die Herrschaft über Makedonien auch

* Gemeint ist wohl der Pinaros, ein kleiner Fluß im Südosten Kilikiens.

ohne Meinen Willen behaupten; doch nun bist du überheblich geworden, hast deine Gefährten zusammengezogen, kommst, kämpfst und zerstörst Unsere Städte. Besser stünde es dir an, wegen der Untaten, die du vollbringst, in dich zu gehen, bevor du von Uns gestraft wirst, und heimlich Zuflucht bei Uns zu nehmen, die Wir Herren des Erdenrunds sind, bevor du Unheil häufst auf dein Haupt. Rühmen darfst du dich und sollst dich deiner Übeltaten um so mehr schämen, als Wir dich wert befunden haben, Briefe von Uns zu empfangen. Daß du gleichwohl ermessen magst, welcher Art und wie groß Mein Heer ist, zeige Ich es dir an mit dem Mohnsamen, den Ich dir in einem Sack schicke. Erkenne denn: Solltest du ihn zählen können, so weißt du bestimmt auch Mein Volk zu zählen. Wenn du es nicht kannst, so kehre zurück in dein Land, vergiß, was du getan, und dann soll es dir nicht wieder in den Sinn kommen, zu tun, was du getan.»

Als nun die Boten des Kaisers Darius zu Alexander gekommen waren und ihm den Brief, ebenso auch den Mohnsamen gebracht hatten, ließ Alexander sogleich das Schreiben verlesen, griff mit der Hand in den Sack, nahm Mohnsamen heraus, steckte ihn in den Mund, kaute ihn und sprach: «Ich sehe, daß er viel Volks hat, doch sind sie kraftlos wie dieser Samen.»

Da kamen Boten aus Makedonien* dazu und berichteten Alexander, seine Mutter Olympias sei krank. Als Alexander dies vernahm, ward er tieftraurig, doch schrieb er Kaiser Darius einen Brief, in dem stand:

«Alexander, Sohn Philipps und der Königin Olympias, dem Perserkönig Darius. Wisse, daß einige Briefe uns erreicht haben, die uns zwingen, gegen unseren Willen zu tun, was ich Dir hier mitteile. Du aber glaube nicht, daß ich aus Angst oder Furcht vor Eurer eitlen Ruhmsucht von diesem Ort weiche. Wisse also fürwahr, daß ich zurückkehre, meine Mutter zu sehen; und zwar nicht so sehr, daß ich ihre süße Brust mit Küssen bedecke, sondern vielmehr sie sehe, die von schwerer Krankheit befallen ist. Binnen kurzem jedoch kehre ich zurück und stelle mich hier wieder ein. Hier schicke ich Dir für den Mohnsamen, den Du uns im Sack als Sinnbild Eures unzähligen Volkes gesandt, diesen Pfeffer, damit Du

* Die folgenden historischen und geographischen Angaben verraten die völlige Unkenntnis des Autors – sie gehen wild durcheinander.

begreifst, daß die Schärfe von diesem bißchen Pfeffer die Menge Mohnsamen bezwingt.»

Als dieser Brief geschrieben war, ließ Alexander des Darius Boten herbeirufen, gab ihnen den Brief und mit ihm den Pfeffer und wunderschöne Gaben und entließ sie. Dann brach er mit seinem Heer auf und marschierte los.

In jener Zeit herrschte ein Mann – ein sehr mächtiger – namens Amonta*, ein Heerführer des Darius, mit starker Heeresmacht über Arabien. Der hörte vom Anmarsch Alexanders, rückte daher mit seinem Heer vor, stellte sich Alexander gegenüber auf und begann heftig mit ihm zu kämpfen. Beim Morgengrauen begann die Schlacht, und sie rangen miteinander bis zum Sonnenuntergang; in dieser Zeit zeigten sich weder die einen noch die anderen schwach, sondern sie kämpften heftig miteinander drei volle Tage, und auf beiden Seiten starben viele. So heftig war die Schlacht, daß eine Sonnenfinsternis eintrat, weil die Sonne, wegen dieses Mordens von

* Gemeint ist letztlich Amyntas, der 335 Makedonien verließ und zu den Persern ging.

Mitleid erfüllt, eine solch schreckliche Menge vergossenen Menschenblutes, wie sie dort fließen sah, nicht mit ansehen wollte. Dann fielen auf seiten der Perser viele. Als dies Herzog Amonta sah, floh er und entkam mit knapper Not zusammen mit nur wenigen nach Persien.

So schnell floh er, daß er dazukam, wie die erwähnten Boten, die von Alexander heimgekehrt waren, noch vor Darius standen und Darius noch den Brief in Händen hielt und sie ausfragte, was Alexander mit dem Mohnsamen gemacht habe. Sie aber sprachen: «Er nahm ihn, kaute ihn, spie ihn aus und sprach: ‹Viele sind sie, doch sind sie kraftlos.›» Nun nahm Darius den Pfeffer, steckte ihn in den Mund, biß darauf und sprach aufstöhnend: «Wenig Soldaten hat er, wenn sie aber kräftig sind wie dieser Pfeffer, sind sie hitzig.»

Amonta antwortete: «Tatsächlich, Herr, hat Alexander wenige Kämpfer, doch sind sie tapfer. Viele von meinen Soldaten haben sie getötet. Ich bin mit wenigen ihren Händen mit knapper Not entronnen.»

Doch ward Alexander, weil er die Schlacht gewonnen, nicht von Stolz geschwellt, sondern er befahl seinen Soldaten, die Makedonier und Perser, die in der Schlacht gefallen waren, zu bestatten; den Verwundeten aber ließ er Arznei geben.

Danach rückte er ab und kam nach Kleinasien, unterwarf sich viele Städte, kam nach Phrygien und schlug sein Lager bei der Stadt Gordias* auf, die heute Sardis* heißt. Die Leute dieser Stadt nun wollten sich ihm nicht unterwerfen. Er aber eroberte und nahm die Stadt und machte sie dem Erdboden gleich.

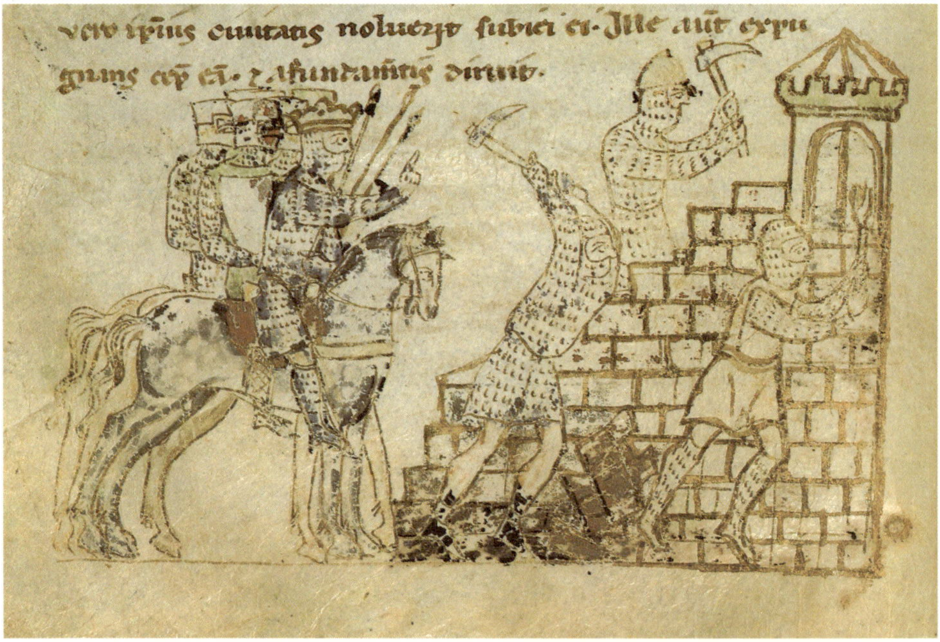

Und er betrat den Tempel des Sonnengottes und brachte Opfer dar. Bei dem Gastmahl hatte er Söhne von Adligen als Mundschenken hinzugezogen. Als er nun zum Opfer den schon genannten Tempel betreten hatte, hielt einer der Knaben von edlem Geblüt, als er opferte, ihm das Weihrauchfaß; dabei fiel ihm sogleich ein brennendes Stück Kohle aus dem Weihrauchfaß auf den Arm, und der Knabe verbrannte sich heftig. Doch ertrug er geduldig die Feuersglut, daß er dem König nicht etwa Unglück bringe, wenn er

* Gordion, alte Hauptstadt Phrygiens, von Alexander 334 genommen.

* Sardeis, lydische Stadt, bis 334 Residenz persischer Satrapen, danach seleukidischer Statthalter. Nicht identisch mit Gordion.

den Gottesdienst unterbräche. Da aber Alexander die Standhaftigkeit des Knaben prüfen wollte, dehnte er die heilige Handlung noch aus. Der Knabe jedoch verharrte reglos bis zum Schluß.

Dann kam er zum Skamandrus* und sprach zu den Einwohnern von Troja: «Glücklich seid ihr, da euch der weise Homer gepriesen.» Einer der Umstehenden, Klitomedus mit Namen, antwortete ihm: «König Alexander! Mehr Preis kann ich dir singen für deine Taten als Homer denen, die vor Troja lagen, denn großartigere Taten hast du vollbracht als sie.» Da Alexander dies vernahm, sprach er zu ihm: «Lieber wollte ich ein Schüler Homers sein, denn den Ruhm des Achill besitzen.»

Darauf rückte er ab, setzte über den Hellespont dort, wo Abydos liegt, von Asien nach Europa über und gelangte nach Makedonien. Da sah er, daß sich seine Mutter Olympias schon von ihrer Krankheit erholte, und freute sich mit ihr.

Drauf zog er sein Heer zusammen, marschierte ab und verließ Makedonien. Und er kam zu einer Stadt, die heißt Theben*, und

* Ein Fluß bei Troja, führt in der Trockenzeit nur wenig Wasser.

* Im Jahre 335 zog Alexander gegen das aufständische Theben und zerstörte es.

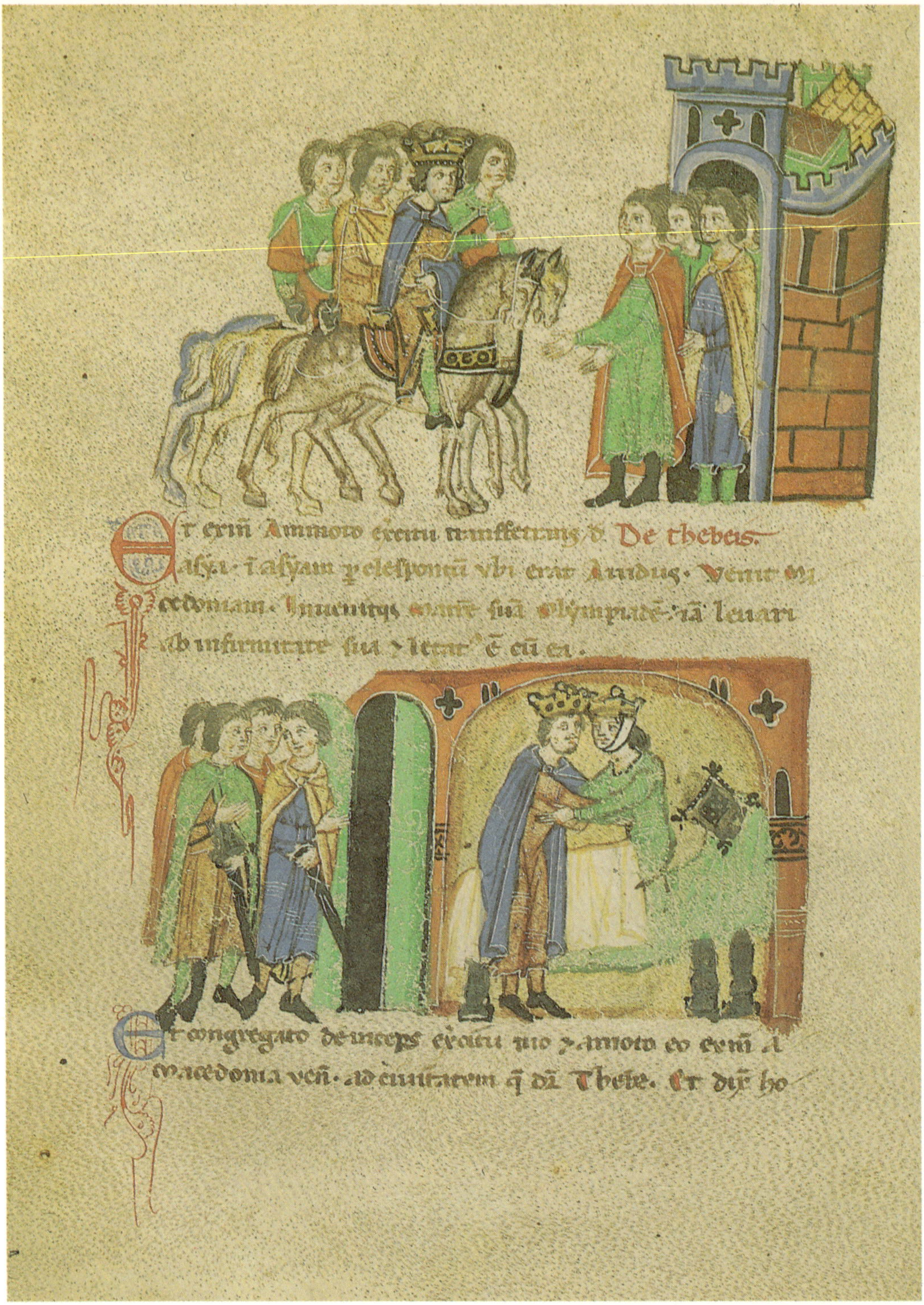

sprach zu den Leuten dieser Stadt: «Gebt mir vierhundert Soldaten, die sollen mich unterstützen.» Als sie das hörten, schlossen die Thebaner die Stadttore; etwa viertausend von ihnen griffen zu den Waffen, stiegen auf die Stadtmauer und sprachen zu ihm: «Alexander! Wenn du dich nicht zurückziehst, kämpfen wir mit dir.» Als Alexander dies vernahm, lachte er auf und sprach zu ihnen: «Sehr tapfere Krieger seid ihr Thebaner! Die Stadttore habt ihr geschlossen und behauptet nun, ihr wolltet mit mir kämpfen. Wisset denn, daß ich mich auf gar keinen Fall von diesem Ort fortbewege, sondern ich bleibe und will mit euch kämpfen nicht wie mit tapferen Bürgern, sondern wie mit feigen Bauern. Denn jeder tapfere Mann, den es nach Krieg verlangt, schließt sich nicht in einer Stadt ein wie eine Jungfer, sondern rückt ins Feld und kämpft dort.»

So sprach er und befahl tausend berittenen Bogenschützen, um die Stadt zu reiten und die Männer auf der Stadtmauer zu beschießen. Drauf befahl er zweitausend Soldaten, mit Äxten und Brecheisen die Fundamente der Stadtmauer, die Amphion und Zethus* gelegt hatten, zu brechen. Und weiteren vierhundert befahl er, mit brennenden Fackeln die Stadttore in Brand zu setzen. Und weiteren dreitausend gab er den Befehl, die Stadtmauer mit Widdern und anderen Belagerungsmaschinen zu brechen. Alexander selbst jedoch drang mit Schleuderern, Bogenschützen und dem Rest des Heeres in die Stadt ein. Die Stadt nämlich und ihre Tore brannten, das Volk stürzte kopfüber von den Mauern; dabei starben die einen, die anderen brachen sich Arme und Beine. – Es war aber damals ein Mann namens Stesichorus, ein Feind der Stadt, in Alexanders Heer. Der freute sich, daß er die Feuersbrunst, die die Stadt vernichtete, und das Blutvergießen mit ansehen durfte.

Ein anderer Mann, ein Musiker aus dieser Stadt, Ismenea* mit Namen, sah die Vernichtung seiner Vaterstadt, warf sich Alexander zu Füßen, klagte mit Tönen und flehte ihn an in der Hoffnung,

* Nach Homer haben Amphion und Zethos, Zwillingskinder des Zeus und der Antiope, die Mauern von Theben errichtet.

* Kleades, ein Thebaner, soll Alexander mit Rücksicht auf seine Vorfahren (das makedonische Herrscherhaus galt als Nachkomme des Herakles, der in Theben geboren sein soll) um Schonung der Stadt gebeten haben; für diesen unbekannten Namen wurde der des berühmten thebanischen Flötenspielers Ismenias gesetzt.

Quidam uero homo musicus. de eadē hisminea
ciuitate. cui nomē erat hysminea. uidens dissipati
onem patrie sue. statī pstrauit se ante pedes. Alex.
& cep lamentaū partem musicā & rogare eū sperans
flectē animū ei9. ut tandē aliqū misereret ciuitati In
uict9. aut eū Alex. dix ei. Magr postq̄ uidisti dissipaū

seinen Sinn zu brechen, daß er sich endlich ein wenig der Stadt erbarme. Doch Alexander blickte ihn an und sprach zu ihm: «Meister, nachdem du den Untergang der Stadt gesehen, hast du mich nun mit deiner Tonkunst angefleht.» Ihm antwortete Ismenea: «Darum habe ich es getan, Herr König, daß ich deinen Sinn breche und ihn zur Trauer um diese Stadt bewege. Wenn du recht daran getan, sie zu zerstören, da sie sich an dir versündigte, so begreif doch, daß du auch übel an dir selbst gehandelt, da doch dein Vater Thebaner war, wie du selbst Thebaner bist. Du solltest dich deiner Vaterstadt erbarmen.» Als aber Alexander dies vernahm, ward er zornig und befahl, die Mauern der Stadt bis auf den Grund zu zerstören.

Darauf zog er ab und marschierte los. Dabei folgte ihm ein großer Mann aus der Stadt, der hieß Klitomachus. Die Thebaner nun, die übriggeblieben waren vom Stadtbrand, zogen nach Delphi zum Altar des Apollo und holten sich Rat, ob die Stadt Theben wiederaufgebaut werden sollte oder nicht. Es war nämlich in dem Tempel eine Priesterin, eine Jungfrau, die ging zum Kastalischen Quell*, wo

* Quelle am Parnaß bei Delphi.

sie den Göttern opferte, trank von seinem Wasser und kam zurück, opferte Apollo, und sogleich gab Apollo zur Antwort und sprach: «Der die Stadt Theben wiederaufbauen soll, wird dreimal siegen, und nachdem er gesiegt, die Erlaubnis erhalten, die Stadt wiederaufzubauen.»

Alexander marschierte also zur Stadt Korinth*, und die Korinther baten ihn, im Wagenkampf gegen sie anzutreten. So geschah es. Zu diesem Schauspiel kam eine Menge Volkes zusammen, und zu den Anwesenden sagte Alexander: «Wer von euch will vortreten und als erster auf diesen Spielen ringen?» Klitomachus aber aus der Stadt Theben, den wir oben erwähnt haben, antwortete und sprach zu ihm: «Wenn es Eurer Hoheit gefällt, will ich als erster ringen, wenn Ihr mir die Erlaubnis zum Ringkampf gebt.» Er rang sogleich und siegte. Zu ihm sprach Alexander: «Wenn du dreimal siegst, will ich dir den Kranz reichen.» So geschah es: Er rang zum zweiten und zum dritten Male und siegte, und sogleich ward auf Alexanders Befehl sein Haupt mit dem Kranz geschmückt. Die Herolde aber sprachen zu ihm: «Sag uns deinen Namen!» Klitomachus gab zur

* Alexanders Zug nach Korinth liegt noch vor dem nach Norden zur Zeit seines ersten Griechenlandzuges.

Antwort: «Ohnestadt bin ich geheißen.» Alexander sprach zu ihm: «O du glücklicher und überragender Kämpfer – wieso Ohnestadt?» Klitomachus antwortete: «Großmütiger Kaiser! Bevor du warst, da hatte ich eine Stadt, nun aber habe ich keine – deinetwegen.» Aus dieser Antwort erkannte Alexander, daß er sich «von Theben» nannte, und er sagte den Herolden: «Ruft und tut kund, dieser Thebaner habe die Erlaubnis, die Stadt Theben wiederaufzubauen* und sie zu beherrschen.» Und so geschah es.

Nun verließ Alexander Korinth und kam zu einer Stadt, die heißt Plataä*; da herrschte ein Fürst namens Strasagoras*. Alexander betrat den Dianatempel und fand dortselbst eine Priesterin, eine Jungfrau,

* Theben wurde zu Alexanders Lebzeiten nicht wiederhergestellt. Der berühmte Athlet Kleitomachos von Theben siegte bei den Isthmien, den Spielen auf dem Isthmos von Korinth, an ein und demselben Tag im Ringen, Boxen und Pankration, aber erst etwa hundertzwanzig Jahre nach der Zerstörung Thebens durch Alexander.

* Eine Stadt im südlichen Böotien.

* Ist keine historische Figur.

die Priesterkleider webte. Als sie Alexander erblickte, sprach sie sogleich zu ihm: «Willkommen, Alexander! Du wirst das ganze Erdenrund unterwerfen.» Da Alexander dies hörte, schenkte er ihr viele Gaben von Gold. Am folgenden Tag aber betrat Strasagoras selbst, der Fürst der Stadt Platää, den Tempel, in dem diese Priesterin war; als die Priesterin ihn sah, sprach sie zu ihm: «Was willst du, Strasagoras? Wisse, deine Herrscherwürde soll dir genommen werden.» Strasagoras zürnte heftig und sprach zu ihr: «Unwürdig bist du des Priesteramtes. Da Alexander eintrat bei dir, da rühmtest du ihn und gabst ihm gute Wahrsprüche, mir aber sagst du, ich werde meine Herrscherwürde verlieren.» Zu ihm sprach die Priesterin: «Erzürne nicht darob, was ich zu dir gesagt, denn so soll es geschehen.» Und so geschah es. Einige Tage später erzürnte Alexander gegen Strasagoras und verwies ihn aus seinem Herrscheramt.

Darauf rückte er ab und kam vor die Stadt Athen. Strasagoras aber, den wir oben erwähnt, war in die Stadt gekommen und hatte den Einwohnern berichtet, wie Alexander ihn aus seinem Herrscheramte gewiesen hatte.

Da die Athener dies erfuhren, wurden sie sehr zornig und

beschimpften Alexander. Als Alexander dies vernahm, schrieb er ihnen sogleich einen Brief, in dem stand:

«Wir, Alexander, Sohn Philipps und der Olympias, verkünden den Athenern dies: Wisset, da mein Vater verschieden war und ich seinen Thron bestiegen hatte, zog ich in den Westen. Dort habe ich mir viele Städte unterworfen – die einen durch Briefe, denen ist es wohl ergangen, und sie sind von uns in Ehren aufgenommen worden; die andern durch Krieg, die wollten sich mir nicht in Frieden fügen, so habe ich mit ihnen gekämpft, habe sie besiegt und ihre Städte dem Erdboden gleichgemacht. Neulich erst, da ich Makedonien verließ und Europa durchzog, widersetzte sich mir die Stadt Theben, da habe ich sie erobert und dem Erdboden gleichgemacht wegen der Torheit ihrer Bürger. Nun sage ich Euch, Athener: Ich erwarte, daß Ihr zehn Redner mit göttlichen Ehren zu uns schickt, daß ich mit ihnen spreche; und dies versichere ich Euch: nichts andres verlange ich, als daß Ihr in meinen Reihen kämpft und mich als Herrn betrachtet. Und wollt Ihr das nicht tun, so bereitet Euch zum Kampf, seid stärker als ich – wenn aber nicht, so unterwerft Euch mir, der ich stärker bin denn Ihr. Denn bei der göttlichen Vorsehung schwöre ich Euch: Wenn Ihr das nicht tut, zerstöre ich Eure Stadt bis auf die Grundmauern.»

Als nun die Athener diesen Brief lasen, schrien sie alle durcheinander. Der Philosoph Demosthenes aber, der mit persischem Gold bestochen war, wollte sie dazu bewegen, sich mit den Worten Alexanders keinesfalls abzufinden. Doch das Volk, das zusammengeströmt war und den Worten des Demosthenes gelauscht hatte, bat einstimmig den Philosophen Äschylus*, daß er ihnen sage, was er über die Angelegenheit denkt. Der nun erhob sich, gebot dem Volk mit einer Handbewegung Ruhe und sprach: «Männer! Mitbürger! Einen gemeinnützigen Rat will ich euch geben, der uns allen frommt. Wenn ihr denn glaubt, Leute zu sein, die Alexander besiegen können, so kämpft mit ihm; wenn aber nicht, so beugt euch seiner Herrschaft. Ihr wißt doch (von unseren Vorfahren haben wir es gehört), daß Xerxes, der große, tapfere König, der mit seinen Soldaten viele Siege errungen, in Griechenland schießlich doch unterlag. Dieser Alexander aber hat schon dreizehn Schlachten geschlagen und sie gewonnen. Sagt mir – waren die Bewohner von Tyrus etwa nicht sehr tapfre Soldaten, in allen Kriegskünsten erfahren? Doch was geschah ihnen? Waren die Thebaner feige? Seit ihre Stadt errichtet war, waren sie voll Kampfesmut. Und was wiederum geschah ihnen? Wie mutig haben die Peloponnesier mit Alexander gekämpft! Was hat es ihnen geholfen? Ihr wißt doch, was ihnen geschehen ist. Ihr wißt doch auch, daß viele Städte, vor die er kam, sich ihm ohne Kampf und Streit unterworfen haben. Und ihr entbrennt in Zorn und wollt ihm Widerstand leisten, nur weil er Strasagoras aus seinem Herrscheramt verwiesen hat? Recht hat er getan! Des Strasagoras Schuld war es. Wir haben doch vernommen, daß Alexander weise ist, daß er ihn nicht schuldlos aus seinem Herrscheramt verwiesen haben kann.»

Als nun die Athener dies hörten, priesen sie des Äschylus Ratschläge und redeten untereinander. Wieder gebot Äschylus ihnen Schweigen und sprach zu ihnen: «Welcher König ist je in Ägypten eingefallen, mit den Ägyptern zu kämpfen, als einzig Alexander? Der ist dorthin gezogen und hat die Ägypter unterworfen und in seine Gewalt gebracht. Ja, er hat dort eine große Stadt seines

* Gemeint ist nicht der Tragödiendichter Aischylos, sondern der berühmte Redner Aischines (390/89 bis etwa 315), der eine makedonienfreundliche Politik vertrat – im Gegensatz zu Demosthenes (384–322), dem berühmtesten Redner der Antike.

Namens gegründet, und die Ägypter haben ihn sogar selbst gebeten, mit ihm nach Persien ziehen zu dürfen. Sagt doch – waren die Syrer denn wenige? Auch sie sind gedemütigt worden und zahlen Tribut. Und ihr nun wollt mit ihm kämpfen, der, was immer er erreicht, nicht durch Krieg erreicht, sondern auf Ratschluß der Götter, deren Wahrsprüche er einholt, deren Hilfe er herabfleht. Er mahnt uns mit Worten und wird unsern Soldaten herrliche Geschenke machen; verdient er solchen Lohn von uns?»

Als Äschylus das gesagt hatte, gebot Demosthenes dem Volk Schweigen und sprach: «Seht doch, wenn ihr Alexander nicht den Himmel mit göttlichen Ehren überreicht, wird er euch von der Erde vertilgen.»

Da beschlossen die Athener, Alexander einen goldenen Siegerkranz von fünfzig Pfund zu schicken, und ihre Gesandten sollten ihm Tribut und Geschenke zusichern. Redner jedoch mit göttlichen Ehren schickten sie ihm keineswegs. Die athenischen Gesandten zogen nun zu Alexander, überreichten ihm den goldenen Kranz, versprachen, ihm Tribut zu zahlen, und übermittelten ihm, was ihnen von den Athenern aufgetragen war.

Da erkannte Alexander den Ratschlag des Demosthenes, der ihnen gesagt hatte, sie sollten Alexander Widerstand leisten, und den des Äschylus, der gemeint hatte, sie sollten beigeben und ihm gehorchen, doch schrieb er ihnen einen Brief, in dem stand:

«Alexander, Philipps und der Olympias Sohn. Bis ich mit der starken Hand der Griechen alle Barbaren gedemütigt habe, will ich nicht den Königstitel führen. Den Athenern geben wir dies zu bedenken: Wir haben von Euch verlangt, uns zehn Redner mit göttlichen Ehren zu schicken, daß ich mich mit ihnen unterrede, sie grüße und ehre, wie es Meistern gebührt. Glaubt mir denn, daß ich nie daran gedacht habe, Eure Stadt mit meinem Heer zu betreten, sondern nur mit meinen Feldherren und Euren Rednern. So hatten wir es deshalb vor, daß ich Euch frei mache von allem Verdacht; Ihr aber habt von mir das Gegenteil geglaubt, und so ist Euer schlechtes Gewissen offenbar geworden. Die Götter sind meine Zeugen: Hätte sich einer von Euch wider mich erhoben und Euer Herrscher werden wollen und ich hätte ihm durch ein Schreiben versprochen, ihn zu schonen, so hätte ich ihm kein Leides getan; Ihr aber, wie Ihr übel seid und stets Übles denkt, glaubt, ich sei wie Ihr. Als die Korinther gegen mich zu den Waffen griffen, da haben sie würdigen Lohn von mir empfangen. Ihr aber habt ein schlechtes Gewissen und habt Euch wider mich vergangen für das, was ich jenen getan. Was nun Eure ruhmreichen Redner betrifft, so weiß ich nicht, warum Ihr eingekerkert habt Demandes* für den guten Rat, den er Euch zu Eurem Wohl gegeben, und ebenso habt Ihr Hyposthenes* verfolgt aus dem gleichen Grund, und Euren Führer Sokrates habt Ihr gemordet. Und warum beschimpft Ihr mich wegen Strasagoras, den ich aus seinem Herrscheramte verwiesen, da er sich wider mich verging? Doch will ich nicht weiter darlegen, wie Ihr Euch bis heute wider mich vergangen habt. Nun habt Ihr die Redner nicht zu mir schicken wollen; so will ich selbst kommen und sie wider Euren Willen sehen.»

Und er rückte mit seinem Heer vor Athen, daß er es zerstöre, wie er gelobt hatte. Der Redner Anaximenes, ein Lehrer Alexanders, schon hoch in den Jahren, ging aus der Stadt Athen hinaus, setzte sich weinend vor das Tor und harrte der Ankunft des Königs Alexander. Und Alexander kam, sah, wie jener vor dem Stadttor saß, und sprach zu ihm: «Was, Meister, soll ich für dich tun?» Und jener: «Mein Sohn, ich will, daß du weggehst von diesem Ort, auf daß die Sonne meine alten Glieder wärmt.» Alexander hörte das, verstand, daß er ihn gebeten hatte, die Stadt nicht zu zerstören, und sprach zu ihm: «Bei der göttlichen und erhabenen Vorsehung! Was du auch von mir verlangst – ich will es nicht tun!» Da sprach der Philosoph: «Bei der göttlichen und erhabenen Vorsehung, bei der du geschworen: Zerstöre diese Stadt bis auf die Grundmauern!» Alexander war verblüfft, da er das hörte, und sprach: «Wieviel auch ein Schüler weiß, stets ist ihm sein Lehrer überlegen.» So sprach er und gewährte ihnen Frieden und sagte zu ihnen: «Faßt Mut und bleibt ungestraft, denn keine Feindseligkeiten habt ihr von mir zu befürchten.» Als die Athener dies hörten, waren sie hocherfreut.

Sie öffneten die Stadttore, und die Redner und Philosophen nahmen ihn mit göttlichen Ehren auf. Und sogleich begannen Demokrit und die übrigen Philosophen zu streiten und behaup-

* Der Redner Demades (etwa 380–319), der hier wohl gemeint ist, war der Führer der makedonischen Partei in Athen. Erst 323/22 wurde er durch die Athener verbannt, 319 von Kassandros getötet.

* Mit *Hyposthenes* ist Demosthenes gemeint, der aber erst 324 mit fadenscheiniger Begründung eingekerkert wurde und floh. 322 mußte er wieder fliehen.

teten, es gebe viele Welten. Alexander gab zur Antwort: «Ich aber habe noch nicht eine unterworfen.»

Darauf zog Alexander ab und kam nach Lakedämon*. Die Lakedämonier aber fügten sich ihm keineswegs, sondern sprachen untereinander: «Wir sind nicht schwach wie die Athener, die sich fürchteten, mit Alexander zu kämpfen, sondern wollen gegen ihn unsere Tapferkeit erweisen.» So sprachen sie, schlossen sogleich die Stadttore, stiegen auf die Mauer und rüsteten sich zum Kampf. Andere bestiegen Schiffe und fuhren ihm am Meeresufer entgegen. Das taten sie deshalb, weil sie im Seekrieg erfahrener waren* als im Landkrieg. Da aber Alexander dies bemerkte, sandte er ihnen sogleich ein Schreiben, in dem stand:

«Wir, Alexander, der Sohn Philipps und der Olympias, geben den Lakedämoniern dies kund: Wir raten Euch, die Treue zu bewahren, die Ihr von Euern Vorvätern ererbt habt. Wollt Ihr gern Eure Tüchtigkeit zeigen, so wird sie sich erweisen, wenn Ihr wert seid, Wohl-

* Das Staatsgebiet von Sparta. Sparta bewahrte zu Alexanders Zeiten stets seine Autonomie.

* Das gilt für eine spätere Zeit.

taten und Ehrungen von mir zu empfangen. Deshalb befehlen wir Euch, das Schiff gutwillig zu verlassen, bevor Feuer Euch schändlich daraus vertreibt. Wollt Ihr das nicht tun, sondern in eitler Ruhmsucht gegen uns Eure Tapferkeit erweisen, so wisset: Euch selbst müßt Ihr schelten, wenn Alexander Euch besiegt hat.»

Als aber die Lakedämonier diesen Brief gelesen, erzürnten sie und beschimpften Alexander, wollten sie sich doch seinen Worten nicht fügen, sondern bewaffneten Kampf begannen sie mit ihm. Alexander jedoch kreiste die Stadt mit seinen Soldaten ein, griff an, und alsbald stürzten die Lakedämonier von der Mauer, tot die einen, die andern verwundet. Die aber auf den Schiffen waren, verbrannte das Feuer, das er gegen sie schicken ließ. Als die übrigen, die zurückgeblieben waren, sich in solcher Gefahr sahen, verließen sie sogleich die Stadt, warfen sich Alexander zu Füßen und flehten ihn um Mitleid an, daß er sie nicht in Gefangenschaft bringe. Alexander aber antwortete und sprach zu ihnen: «In Frieden bin ich zu euch gekommen, und ihr wolltet mich nicht aufnehmen. Jetzt, wo eure Schiffe verbrannt und eure Stadt verwüstet ist, jetzt fleht ihr um Gnade. Doch tadle ich nicht, was ihr getan, denn ihr habt es getan in dem Glauben, ihr könntet mit mir umspringen wie eure Väter mit

Xerxes; doch eure Hoffnung hat euch betrogen, denn ihr konntet dem Angriff der Bewaffneten Alexanders nicht standhalten.» So sprach er, schlug dort ein Lager auf und brachte seinen Göttern Opfer dar. Den Lakedämoniern aber und ihrer Stadt schenkte er die Freiheit.

Und darauf rückte er mit seinem Heer nach Zizicum und von dort nach Byzanz, wo heute Konstantinopel liegt, unterwarf diese Städte, setzte über die Propontis nach Chalkedon* über und wollte es erobern. Die Chalkedonier aber standen auf den Stadtmauern und widersetzten sich ihm mutig. Zu ihnen sprach Alexander: «Ich sage euch, ihr Chalkedonier – entweder ihr kämpft mannhaft oder werdet der Gewalt meiner Soldaten unterliegen.» Doch nahm er Chalkedon.

* Eine Stadt am Bosporus, Byzantium gegenüber, stand während Alexanders Feldzügen auf seiten der Perser.

Et exinde amoto exercitu
Aduenit Cizichũ et in Bisantiũ ubi nc̄ constanti
nopolis est. Subiugansq; eas. et transferens p
portum calcedonie cep̄ expugnare eã. Calcedones
aut̄ sup murũ ciuit̄ stantes. fortit̄ resistebant ei.
Dix̄ aut̄ illis Alex. Vob dico calcedones. aut prelia
uincite. aut subiugamini sub potestate mea. Ve
ritatem apprehendit Calcedoniã.

Darauf rückte er vor einen Ort, der heißt Abdera*; dort schlug er sein Lager auf. Die Leute dieser Stadt jedoch verschlossen ihm die Tore der Stadt. Als Alexander dies sah, erzürnte er heftig und befahl seinen Soldaten, die Stadt in Brand zu stecken. Als die Bewohner der Stadt das Feuer sahen, schrien sie zu Alexander und sprachen: «Herr König! Nicht, um uns gegen dich aufzulehnen, haben wir die Stadttore geschlossen, sondern weil wir fürchten, der Perserkönig Darius könnte davon hören, seine Satrapen gegen uns schicken und uns alle vernichten.» Alexander aber antwortete ihnen: «Tut die Stadttore auf, wie es sich gehört und üblich ist, denn jetzt will ich keinesfalls gegen euch kämpfen. Wenn ich mit dem Perserkönig Darius abgerechnet habe, dann werde ich mit euch schwatzen.» Als nun die Leute der Stadt dies vernahmen, da öffneten sie ihm sogleich die Stadttore.

Darauf durchquerte er Böotien, kam nach Olynth, darauf nach Chaldeopolis und schließlich an einen Fluß namens Xenis. – Doch Hunger quälte sein Heer. Da brachte er am gleichen Tag noch

* Stadt in Thrakien, seit 352 unter makedonischer Herrschaft.

seinen Göttern Opfer dar, bereitete seinem Heer ein prächtiges Mahl und machte sie satt. Doch seine Soldaten murrten und sprachen: «Unsere Pferde sterben.» Ihnen gab Alexander zur Antwort: «Männer! Tapfere Mitstreiter! Wenn eure Pferde tot sind, verzweifelt ihr deshalb am Glück? Leben wir, werden wir rasch Pferde erwerben; doch wenn wir sterben, tun uns keine mehr not. Doch wollen wir schnell in eine Gegend ziehen, wo wir Nahrung finden für uns und für unsere Pferde.» Darauf kam er an einen Ort, der heißt Locrus*, wo er Lebensmittel vorfand und Futter für die Tiere; dort blieb er einige Tage.

Da Kaiser Darius von der Rückkunft Alexanders erfuhr, rief er sogleich seine Fürsten und Satrapen zusammen, hielt mit ihnen Rat und sprach: «Wie ich sehe, ist, der hier kommt und kämpft, an Tapferkeit und Siegesruhm gewachsen. Ich aber hielt ihn für einen Stra-

* Lokris, Landschaft in Griechenland.

ßenräuber, der wie ein Dieb kommt und Beute macht. Er aber, erkenne ich nun, bekämpft und demütigt seine Feinde wie ein König, und je mehr wir uns in Stolz über ihn erheben, desto größer werden er und sein Name. Ich habe ihm einen Ball zum Spielen und eine Peitsche gesandt, daß er spielen lerne wie ein Knabe, er aber, den ich als Zögling bezeichnet habe, ist über seinen Lehrer hinausgewachsen, und wohin er auch zieht, folgen ihm Kriegsglück und Sieg. Aus diesem Grund müssen wir auf unsere Rettung denken. Deshalb wollen wir von Überheblichkeit und eitler Ruhmsucht lassen, nicht mehr ihn verachten und sagen: ‹Alexander ist nichts›, von Überheblichkeit erfüllt, weil wir das Persische Reich regieren, während seine Bedeutung wächst und unsere Größe geringgeachtet wird. Fast scheint mir, als stünde ihm die göttliche Vorsehung bei und wolle ihm die Königskrone verleihen, daß seine Zeit kommt, daß er, während wir ihn aus Griechenland verjagen wollen, uns aus Persien vertreibt.»

Als Darius so gesprochen hatte, antwortete ihm sein Bruder Oxiather* und sprach: «Du hast Alexander gerühmt, als du sagtest, er brenne mehr darauf, nach Persien, als wir, nach Griechenland zu ziehen. Deshalb handle, wenn es dir gefällt, wie Alexander, und sogleich ist dein Reich frei von Unruhen, ja du wirst noch weitere Reiche erwerben. Wenn er nämlich gegen einen König Krieg führen will, schickt er nicht, wie du, seine Satrapen und Fürsten, sondern zieht selbst ins Feld, kämpft mannhaft, zieht allen Fürsten und Satrapen voran und erwirbt sich Ruhm und Sieg.»

Darius sprach zu ihm: «Soll ich mir an ihm ein Beispiel nehmen oder er sich an mir?» Einer der Fürsten antwortete und sprach: «Alexander ist sehr bewandert in allen Dingen und fehlt in nichts, alles vollbringt er mannhaft selbst, denn seit seiner Geburt hat er das Aussehen und die Kühnheit eines Löwen.» Zu ihm sprach Darius: «Woher ist dir das kund?» Und jener darauf: «Als ich auf deinen Befehl einst nach Makedonien zog, bei seinem Vater Philipp den Tribut einzutreiben, habe ich ihn gesehen, seine Gestalt und Weisheit kennengelernt. Deshalb mußt du in alle Gebiete deines Reiches

* Oxyathres war der jüngere Bruder Dareios' III. Ging nach der Ermordung seines Bruders zu Alexander über.

Boten senden, all deine Satrapen und Fürsten zusammenrufen, denn es sind viele Völkerschaften, die zum Perserreich gehören – Parther, Meder, Apolloniaden*, Mesopotamier und Illyrer, nicht zu erwähnen die weiter entfernt wohnenden, die Italer, Baktrier und Semirarmeer. Völker hast du mehr denn einhundertfünfzig. Alle müssen zusammengezogen werden, und dann wollen wir die Hilfe der Götter herabflehen; denn wenn Alexander diese Völkermasse und die Tapferkeit der Barbaren wahrnimmt, werden Furcht und Zittern ihn packen und alle, die mit ihm sind.» Zu ihm sprach ein anderer Fürst: «Einen guten Rat hast du gegeben, doch keinen, der hilft. Weißt du denn nicht, daß ein Hund eine riesige Herde von Tieren zerstreut? So ist auch die Weisheit der Griechen der Unzahl der Barbaren überlegen.»

Unterdes hatte Alexander sein Heer zusammengezogen, zu dem gehörten zweiunddreißigtausend Mann Fußvolk, viertausendfünfhundert Berittene und hundertachtzig Schiffe. Man fragt sich, was erstaunlicher ist – daß er mit so wenigen Menschen die ganze Welt

* Mit den Apolloniaden (Apollonia: Name verschiedener Städte in Griechenland) sind die Babylonier, mit den Illyrern (auf der nordwestlichen Balkanhalbinsel) die Bewohner von Iberien (hier nicht Spanien, sondern eine Landschaft Kaukasiens, etwa Georgien), mit den Italern die Inder gemeint.

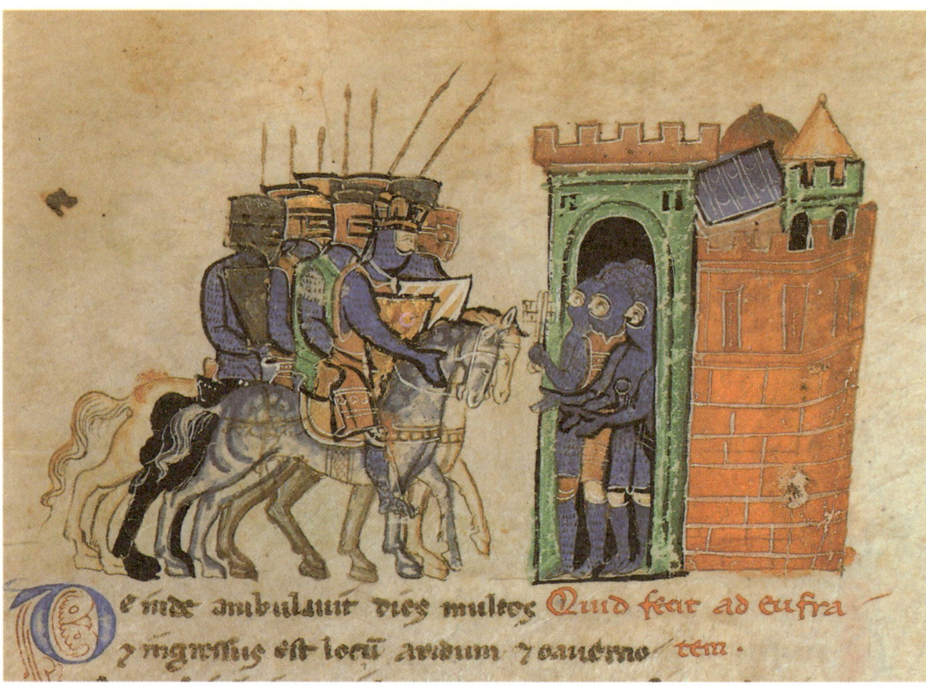

besiegt oder daß er sie anzugreifen gewagt hat. Darauf rückte er vor und kam nach Großarmenien* und unterwarf es. Dann kam er nach einem Marsch von vielen Tagen in eine trockene, zerklüftete Gegend, da gab es kein Wasser. Er durchquerte eine Landschaft namens Andriaci, erreichte den Fluß Euphrat und schlug dort sein Lager auf. Und sogleich ließ er Holz herbeischaffen und eine Brücke über den Fluß schlagen; die wurde mit Nägeln und Eisenketten ver-

* Gemeint ist wohl der Marsch Alexanders über den Euphrat zum Tigris vor der Schlacht bei Arbela (331). Dabei überquerte Alexander den Euphrat und zog gegen das armenische Gebirge hin.

bunden. Und er befahl seinen Soldaten, sie zu überqueren. Die aber bedachten die Breite und den reißenden Lauf des Flusses und schreckten davor zurück, die Brücke zu betreten, da die Ketten brechen könnten. Da nun Alexander sie zögern sah, befahl er seinen Hirten, die die Herden hüteten, als erste hinüberzuziehen, und ließ nach ihnen den ganzen Troß des Heeres hinüberbringen. Danach gab er seinen Soldaten wieder den Befehl hinüberzugehen, doch wollten sie immer noch nicht. Als nun Alexander sie wiederum zögern sah, packte ihn eine schreckliche Wut; er berief seine Fürsten zusammen, und sie gingen hinüber – zuerst Alexander selbst, darauf die Fürsten und das ganze Heer.

Die Flüsse Tigris und Euphrat fließen durch Medien, Mesopotamien und Babylonien und ergießen sich in den Nil.* Manche sagen, wenn der Nil Ägypten überschwemmt, liegen die beiden Flüsse

* Dies wurde auch sonst berichtet. – Die Nilschwelle hat die Griechen immer wieder beschäftigt.

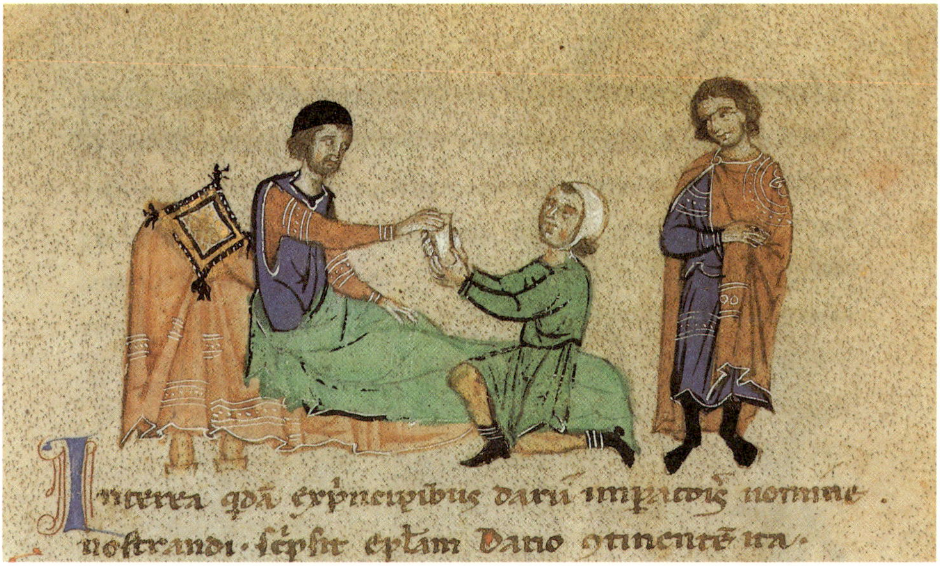

trocken, und wenn er in sein Bett zurückkehrt, schwellen sie wieder an.

Da Alexander mit dem Heer über den Euphrat gezogen war, schlug er ein Lager auf und ließ die Brücke abbrechen. Als aber seine Soldaten das sahen, waren sie tief betrübt, murrten und sprachen untereinander: «Wenn wir aus der Schlacht fliehen müssen, ist uns der Rückzug abgeschnitten.» Zu ihnen sprach Alexander: «Was ist denn das, daß ihr euch zusammenrottet und sagt: ‹Wenn wir aus der Schlacht fliehen müssen, ist uns der Rückzug abgeschnitten›? Ihr sollt wissen, daß ich die Brücke darum abbrechen ließ, daß ihr mannhaft kämpft und siegt oder, wenn ihr aus der Schlacht fliehen wollt, es aus ist mit euch; denn der Sieg in der Schlacht fällt nicht denen zu, die fliehen, sondern denen, die den Feind verfolgen. Deshalb faßt Mut und achtet die Härte der Schlacht für ein Spiel; denn das sollt ihr wissen: Makedonien werdet ihr nicht wiedersehen, ehe ich alle Barbaren unterworfen habe; danach wollen wir siegreich heimkehren.»

Unterdes schrieb einer der Fürsten von Kaiser Darius namens Nostadi* an Darius einen Brief, in dem stand:

«Dem berühmten und großen König Darius entbietet Nostadi

* Madates? Dieser Fürst leitete 331/30 den Widerstand seines Stammes gegen Alexander.

seinen Gruß. Ich hätte Eurer Hoheit das Folgende nicht schreiben sollen, doch schreibe ich gezwungenermaßen. Eure Erhabenheit möge zur Kenntnis nehmen, daß zwei unserer Großfürsten in einer Schlacht, die wir mit Alexander geschlagen, gefallen sind; auch ich bin übel zugerichtet. Coxari* ist schwer verwundet und in sein Gebiet geflohen, und viele sehr mächtige und berühmte Soldaten von uns haben sich König Alexander angeschlossen; der hat ihnen Ehre erwiesen und sie mit Königsprovinzen belehnt. Die Stadt des Mithridates aber und ihren Tempel hat er mit Feuer niedergebrannt.»

Als Darius diesen Brief erhalten, schrieb er sogleich seinem Fürsten Nostadi, er möge sich mit allen seinen Leuten und anderen Untertanen des Darius rüsten, um den Makedoniern Widerstand zu leisten, da er sich ihrer Taten nicht freuen könne.

Unterdes kam ein Heerführer* des Darius zu Alexander und sprach zu ihm: «Großmächtiger Kaiser! Ich bin einer der Heerführer

* Ariobarzanes? Hier wäre es der Satrap dieses Namens, Statthalter der Landschaft Persis, der Alexander im Jahre 330 ernsthaften Widerstand leistete.

* Gemeint ist wohl Ariobarzanes, Sohn des Dareios.

des Darius und habe ihm viele gute Dienste geleistet, doch nie Wohltaten von ihm empfangen. Deshalb, wenn es Eurer Hoheit gefällt, laß zehntausend Bewaffnete mit uns ziehen, so will ich dir viele unserer Heerführer ausliefern und auch Darius selbst.» Alexander sprach zu ihm: «Freund, geh und steh deinem König bei, denn Fremde vertraue ich dir nicht an, wenn du gegen deine Landsleute kämpfen willst.»

Unterdes schrieben Stapsi und Sphictir*, zwei Heerführer des Darius, an Darius einen Brief, in dem stand:

«Dem ruhmreichen König und großen Gott Darius entbieten die Satrapen Stapsi und Sphictir ihren Gruß. Wir haben schon früher Eurer Hoheit geschrieben und melden wiederum den Einmarsch Alexanders; wir tun Eurer Hoheit kund, daß er in dieses Land eingefallen ist und es zerstört hat. Deshalb geben wir Deiner Gnade zu bedenken und bitten, uns zu Hilfe zu kommen und zu unterstützen, daß wir uns ihnen entgegenwerfen können, ehe er wider Dich zieht.»

* Gemeint sind dieselben Satrapen wie S. 48.

Als Darius dieses Schreiben erhalten hatte, schickte er an Alexander sogleich einen Brief, in dem stand:

«Wir, der Perserkönig Darius, sagen Meinem Knecht Alexander und tragen ihm auf: In Unsere Hände ist ein Brief gelangt, der von deinem Übermut kündet und daß du gar darauf sinnst, gegen Uns zu ziehen, um mit Uns zu verhandeln. Wenn solches geschehen könnte, müßten die Götter des Ostens aufbrechen und im Westen eine Heimstatt finden. Mir ist vermeldet worden, du erwiesest den Meinen Güte; so wisse fürwahr, daß, wieviel Gutes du ihnen auch tust, du Mich nicht zum Freunde gewinnen, noch, tust du ihnen Übles, Mich zu deinem Feinde machen kannst. Doch gib dir keine Mühe, Nachsicht gegen die Meinen zu üben, sondern quäle sie nur, wie man die Kinder seines Feindes quält, denn zum letzten Male schreibe Ich dir, was Ich denke.»

Da Alexander das Schreiben erhalten hatte, las er es, lachte auf und schrieb Darius sogleich einen Brief, in dem stand:

«Wir, Alexander, Sohn Philipps und der Olympias, sagen dem Perserkönig Darius und tragen ihm auf: Stolz, Hochmut und eitle Ruhmsucht hassen die Götter. Du aber, wie ich sehe, läßt nicht ab, sie bis zum Schluß zu lästern. Was nun das betrifft, was Du uns

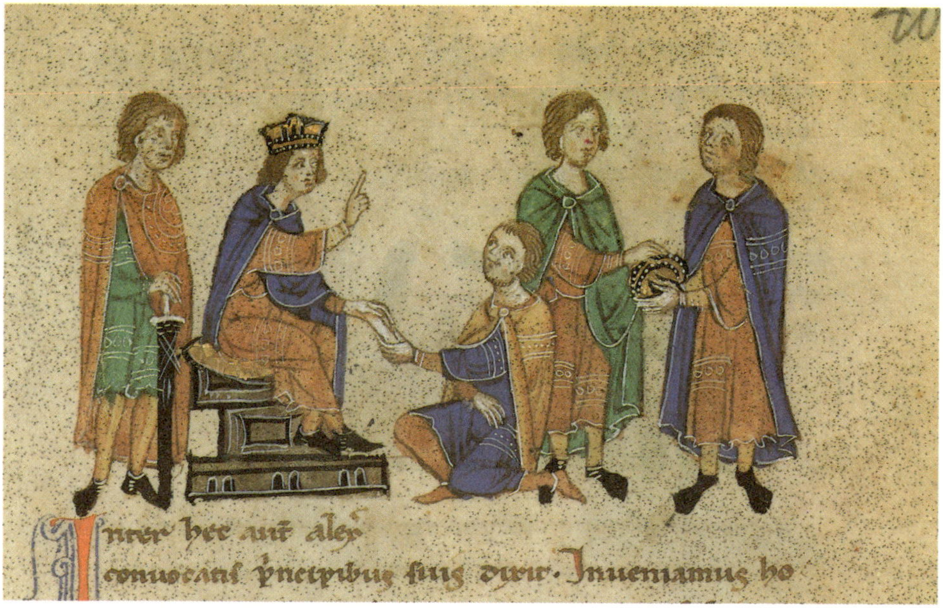

geschrieben hast über die Wohltaten und Ehrerweisungen, so haben wir sie gegen die Deinen nicht an den Tag gelegt, daß wir Dich uns zum Freunde machen; und wenn wir an ihnen Gutes getan, haben wir so nicht um Deiner Liebe willen gehandelt; vielmehr will ich zu Dir kommen, und deswegen haben wir ihnen Gnade erwiesen. Und wie meine Königskrone nicht Deiner gleicht, so gleichen sich auch nicht die Gepflogenheiten meiner und Deiner Herrschaft. Doch sei das mein letzter Brief an Dich. Sieh Dich also vor und bedenke, daß ich gewißlich zu Dir komme, mit Dir zu verhandeln.»

Als dieser Brief geschrieben war, rief Alexander die Boten des Darius herbei, gab ihnen den Brief und gleichermaßen die schönsten Geschenke und entließ sie.

Unterdes rief Alexander seine Fürsten zusammen und sprach: «Wir wollen einen aussuchen, den wir zu Darius schicken, um ihm sagen zu lassen, er solle sich entweder unserer Macht unterwerfen oder mit uns kämpfen.» In der gleichen Nacht erschien nun Alexander der Gott Ammon in Gestalt des Merkur*; er trug einen Königsmantel und makedonische Kleidung und sprach zu ihm:

* Hermes (lat. Merkur) erschien wohl ursprünglich selbst Alexander. Alexander soll sich wirklich bisweilen als Hermes verkleidet haben.

«Alexander, mein Sohn, wenn du der Hilfe bedarfst, bin ich bereit, dir es zu sagen; doch schicke nicht, wie du gesagt, einen Gesandten zu Darius hin. Ich will, daß du meine Gestalt annimmst und selbst dorthin gehst, wenn es auch gefahrvoll ist, daß ein König als Bote geht. Doch erschrick nicht, denn ein Gott steht dir zur Seite, und du wirst nicht in Gefahr kommen.»

Alexander erhob sich nun vom Schlummer und war voll tiefer Freude; er rief seine Freunde herbei und erzählte ihnen den Traum, den er geträumt. Sie aber gaben ihm den Rat, zu tun, wie ihm im Traum geheißen war. Da rief Alexander einen seiner Heerführer namens Eumilo* herbei – der war nämlich ein mutiger Mann und Alexander völlig ergeben – und befahl ihm, auf ein Pferd zu steigen, ein anderes, ungesatteltes, mitzunehmen und ihm zu folgen. Und so geschah es. Und als beide an den Fluß kamen, der Tigris heißt, fanden sie ihn zugefroren. Und sogleich wechselte Alexander die Gestalt: Er warf sich in die Kleider, die er im Traum gesehen, und

* Wer gemeint ist, ist unklar.

ließ seinen Heerführer mit zwei Pferden zurück. Er selbst überschritt mit dem Pferd, auf dem er saß, den Fluß und wollte gegen Persepolis* ziehen, wo Darius weilte. Eumilo aber bat ihn und sprach: «Großmächtiger Kaiser! Laß mich mit dir den Fluß überqueren und dich begleiten, damit du nicht etwa in Bedrängnis gerätst.» Zu ihm sprach Alexander: «Erwarte du mich hier, denn mir zu Hilfe wird kommen, der mir im Traum erschienen ist.»

Der Fluß aber, den wir erwähnten, bleibt zur Winters- und Frühlingszeit die ganze Nacht gefroren. Morgens aber, wenn die Sonne ihn erwärmt, taut er und wird reißend, und wer ihn betreten hat, den reißt er hinweg und verschlingt ihn. Dieser Fluß ist ein Stadium* breit, anderswo ist er noch breiter.

Als aber Alexander zum Stadttor kam und die Perser ihn sahen, da verwunderten sie sich über seine Gestalt und glaubten, er sei ein Gott. Und sogleich fragten sie ihn: «Wer bist du?» Und er gab zur Antwort: «Ein Gesandter des Königs Alexander.» Kaiser Darius war nun zu der Zeit im Gebirge seines Landes und rief eine Unzahl von Feinden auf und zog sie zusammen, um Alexander eine weitere

* Das sogenannte griechisch-römische Stadion ist ein Längenmaß von 177,6 m.

Schlacht zu liefern. Als er zum Stadttor kam und Alexander davor fand, wie er mit den Persern verhandelte, verwunderte er sich sehr seiner Gestalt, ja er glaubte, der Gott Apoll sei vom Himmel herabgestiegen, und so betete er ihn an und sprach zu ihm: «Wer bist du?» Alexander gab zur Antwort: «König Alexander schickt mich und läßt dir sagen: Was zögerst du wie ein Feigling, herauszukommen und mit deinen Feinden zu kämpfen? Unterwirf dich unserer Macht oder bestimme einen Tag zum Kampfe!» Darius aber sprach zu ihm: «Bist du etwa Alexander, daß du so frech redest? Wie ich merke, sprichst du nicht wie ein Bote, sondern wie Alexander selbst. Wisse denn: Deine Worte schrecken mich gar nicht! Doch speise heute als Bote mit mir bei meinem Mahl, denn auch Alexander hat meine Boten an seine Tafel geladen.»

So sprach er, streckte seine Hand aus, ergriff Alexanders Rechte und führte ihn in seinen Palast. Doch Alexander dachte bei sich und sprach: ‹Ein gutes Vorzeichen gibt mir dieser Barbar, da er mich an der Rechten nimmt und in seinen Palast führt. Denn gewißlich wird dieser Palast mit dem Beistand der Götter bald mein sein.›

Und Darius betrat mit Alexander sein Gemach, in dem das Mahl bereitet war. Kaiser Darius nahm Platz, dann Alexander und die

Heerführer des Darius, die saßen Alexander Aug in Auge. Das Gemach übrigens war ganz und gar vergoldet. Den Persern nun, die zu Tisch saßen, war Alexanders Gestalt verächtlich, weil sie so klein war, und sie wußten ja nicht, welche Klugheit, Tapferkeit und Kühnheit in diesem kleinen Körper steckte. Die Schüsseln aber waren alle von Gold. Die Mundschenken brachten den Trank stets in goldenen, mit herrlichen Edelsteinen gezierten Gefäßen. Während des Mahles nun, da Alexander ein goldener Becher gereicht ward, leerte er ihn und steckte ihn ein. Ein zweiter Pokal ward ihm gebracht und schließlich ein dritter, und jedesmal machte es Alexander ebenso. Da die Schenken das sahen, vermeldeten sie es Kaiser Darius. Als Darius das vernahm, richtete er sich auf und sprach zu Alexander: «Mein Freund, was treibst du denn da? Was steckst du die Kelche ein?» Ihm gab Alexander zur Antwort: «Bei den Gelagen unseres Herrn ist es Brauch, daß die Gäste, wenn sie wollen, die Becher mitnehmen,* aus denen sie trinken; wenn das aber bei euch nicht so üblich ist wie bei unserem Herrn, gebe ich sie zurück.» So sprach er und gab sie den Schenken wieder. Die Perser aber, die mit zu Tisch saßen, sprachen untereinander: «Der Brauch ist eigentlich gut!»

Ein Heerführer des Darius, Anepolis mit Namen, saß mit zu Tisch und starrte auf Alexanders Gesicht; er hatte ihn nämlich schon gesehen, als Darius ihn zusammen mit anderen nach Makedonien geschickt hatte, um bei Philipp Abgaben einzufordern. Der erkannte Stimme und Gestalt Alexanders wieder und dachte bei sich: ‹Ist das nicht Alexander, Philipps Sohn?› Sogleich erhob er sich, ging zu Kaiser Darius und sprach zu ihm: «Großmächtiger Kaiser! Der Bote, den du hier siehst, ist Alexander selbst, Philipps Sohn.» Wie Alexander sie miteinander sprechen sah, ward ihm klar, daß er erkannt war, und sogleich sprang er auf von seinem Stuhl, lief aus dem Speisesaal und traf auf einen Perser mit einer Fackel in der Hand. Er schlug ihm aufs Haupt, nahm die Fackel, sprang auf sein Pferd und ritt in höchster Eile davon. Die Perser sahen das, griffen zu den Waffen, sprangen auf ihre Pferde und verfolgten ihn, so schnell sie

* Bei besonderen Gelegenheiten scheint das am makedonischen Königshof wirklich Brauch gewesen zu sein.

konnten. Doch es war finstere Nacht. Alexander nun hielt in der Hand die Fackel und fand den richtigen Weg, seine Verfolger aber kamen vom Wege ab, verirrten sich, Baumzweige schlugen ihnen ins Gesicht, und andere wieder stürzten in Gruben.

Wie Darius auf seinem Thron saß und bedachte, was Alexander gewagt hatte, und er zu dem goldenen Standbild des Königs Xerxes sah, das in dem Saal an erhöhter Stelle stand, stürzte das Standbild zu Boden.

Als Darius das sah, packte ihn Schmerz; er weinte bitterlich und sprach:

«Das ist das Vorzeichen für das Ende meines Hauses und den Untergang des Perserreiches.»

Alexander aber kam zu dem bereits erwähnten Fluß, da er zugefroren war, ritt hinüber, doch als er ans Ufer reiten wollte, taute das Eis, das Pferd wurde hinabgerissen und starb. Er aber gelangte zu seinem Heerführer Eumilo und kehrte zurück zu den Seinen.

Am nächsten Tag berief er sein Heer zusammen und bestieg einen Hügel und sprach seinem Heer Mut zu, indem er sagte: «Die Menge der Perser erreicht nicht die Zahl unserer Leute, wir sind viel mehr als sie. Aber wären ihrer auch mehr denn unser, ja, wären es hundertmal mehr, brauchte uns das doch nicht zu erschrecken, denn

auch viele Fliegen können wenigen Wespen nichts tun.» Als sie das hörten, pries ihn das ganze Heer mit laut schallender Stimme.

Da aber Kaiser Darius erfuhr, Alexander habe seine Satrapen in einer Schlacht geschlagen und rücke weiter vor, zog er sein Heer zusammen, das zählte sechzigtausend Mann. Alexander aber hatte zweiunddreißigtausend Mann Fußvolk und viertausend Berittene. Alsbald trafen beide Heere im Feld aufeinander, Alexander mit seinen Männern und Kaiser Darius mit den seinen. Es tönten die Kriegsdrommeten durch die Reihen, und alle begannen, heftig miteinander zu kämpfen; doch sie hielten sich tapfer, und keiner wollte dem anderen weichen. Doch da sie miteinander rangen, starben sehr viele auf seiten der Barbaren, besiegt von Alexanders Kriegskunst nicht weniger denn durch die Tapferkeit der Makedonier. Als Darius die Seinen in der Schlacht unterliegen sah, wendete er sich rückwärts und suchte sein Heil in der Flucht. Aus dem Heer der Perser waren dort vierzigtausend getötet worden, doch von dem Alexanders fielen hundertzwanzig Reiter und nur neun Mann vom Fußvolk.

Alexander aber schlug sein Lager auf, brachte den Göttern Opfer dar, hieß seine Soldaten die Leichen der Perser wie der Makedonier

zusammentragen und bestatten, die Verwundeten ins Lager bringen und befahl, ihnen Medizin zu reichen.

Darauf schrieb er seinen Fürsten und Satrapen einen Brief, in dem stand:

«Wir, Alexander, Sohn Philipps und der Olympias, entbieten den Fürsten und Satrapen, die mir untertan sind, den Bewohnern von Syrien und Kappadokien, Kilikien und Paphlagonien, den Arabern und den anderen Völkern unseren Gruß. Ich will, daß jeder von Euch tausend Kleidungsstücke und weitere tausend gegerbte Häute von geschlachteten Tieren aufbringt, und schickt sie nach Antiochia*, damit alles für mich und meine Soldaten bereitliegt, das heißt Kleidung und Schuhwerk; denn wir haben Kamele nach Antiochia losgeschickt, die alles hierher zum Euphrat tragen sollen.»

Darius nun floh und kam in die Stadt Persepolis; dort schrieb er einen Brief an Porus*, den König der Inder, und bat ihn um Hilfe. Porus jedoch schrieb einen Antwortbrief, in dem stand:

* Wurde erst im Jahre 300 v.u.Z. gegründet.

* Einer der mächtigsten Fürsten des Pandschab, stand zum Perserreich in keiner Beziehung.

«Der Inderkönig Porus an den Perserkönig Darius. Als Du Uns schriftlich batest, Euch zu Hilfe zu kommen, wollten Wir es tun und wollen es noch, doch eine Krankheit hat Uns gepackt und hält Uns auf, obwohl Uns das Unrecht, das Dir geschehen, hart ankommt. Doch bald sollst Du Soldaten von Mir bekommen, und auch andere Völker werden Euch zu Hilfe eilen, die weit entfernt von Euch beheimatet sind.»

Unterdes ward Alexander gemeldet, Darius nahe mit einem riesigen Heer, um den Paß des Taurus zu besetzen und ihn dort zu besiegen. Alexander aber überquerte den Taurus in Kilikien in erstaunlich kurzer Zeit, legte fünfhundert Stadien, das sind dreiundsechzigeinhalb Meilen, an einem Tag zurück und kam zur Stadt Tarsus*. Verschwitzt wie er war, kam es ihn an, in dem gar kalten Kydnus zu baden; da erstarrte er sogleich und war, da die Muskeln sich plötzlich zusammenzogen, dem Tode nahe. Da aber die Makedonier sahen, daß er krank war, packte sie heftiger Kummer, sie fürchteten sich und sprachen untereinander: «Erfährt Darius von

* In Kilikien, liegt am Unterlauf des Kydnos; als Alexander 333 in dessen kaltem Wasser badete, erkrankte er schwer. Geheilt wurde er von Philippos, der von Jugend auf Leibarzt Alexanders war.

Alexanders Krankheit, überfällt er uns und wird uns vernichten. Alexanders Gesundheit nämlich macht uns stark.»

Unterdes rief Alexander seinen Arzt Philipp herbei und fragte ihn gründlich aus wegen seines Leidens. Dieser Arzt war jung, doch in der Heilkunst sehr tüchtig, und er versprach Alexander, ihn durch einen Trank zu heilen.

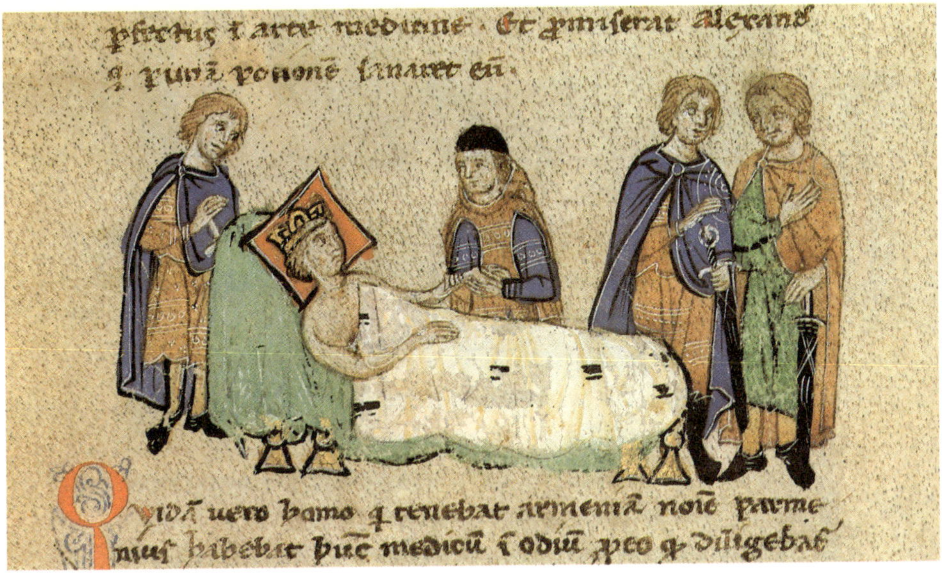

Einem Mann namens Parmenion*, der über Armenien gesetzt war, war der Arzt aber verhaßt, weil Alexander ihn schätzte, und sogleich schrieb er einen Brief an Alexander, in dem stand: «Herr König! Hüte Dich vor dem Arzt Philipp und trinke nicht seinen Trank, denn Darius hat versprochen, ihm seine Tochter zur Frau zu geben und mit ihm seine Macht zu teilen, wenn er Dich umbringt.» Alexander bekam den Brief, las ihn und hielt ihn in Händen, doch sorgte er sich nicht, denn er war sich der Treue Philipps sicher. Und in diesem Augenblick kam der Arzt Philipp mit dem fertigen Trank zu Alexander herein und gab ihm den Heiltrank. Alexander empfing nun mit der einen Hand den Heiltrank, in der andern hielt er den Brief und sah dem Arzt Philipp in die Augen. Zu ihm sprach der

* Wurde auf Alexanders Befehl 330 getötet. Die Parmenion-Geschichte ist eine Erfindung.

Arzt: «Großmächtiger Kaiser! Fürchte dich nicht vor dem Trank, sondern trink ihn!» Da nahm Alexander den Trank zu sich, und darauf reichte er dem Arzt Philipp den Brief. Als Philipp den Brief gelesen, sprach er: «Großmächtiger Kaiser! Unschuldig bin ich in allem, was der Brief meldet.»

Alexander nun ward gesund, rief den Arzt Philipp herbei, umarmte ihn und sprach zu ihm: «Hast du, Philipp, meine Liebe wohl bemerkt und das Vertrauen, das ich dir schenke, da ich deine Treue gegen mich kenne? Erst habe ich deinen Heiltrank getrunken und dann den Brief dir gegeben.» Zu ihm sprach Philipp: «Großmächtiger Kaiser! Laß den Mann kommen, der dir den Brief gesandt, denn er hat von mir verlangt, ich sollte dir antun, was er mir nachsagte.» Sogleich ließ Alexander Parmenion kommen, verhörte ihn und fand ihn der mörderischen Verschwörung gegen sich schuldig. Und er ließ ihn enthaupten.

Unterdes zog Darius mit dreihunderttausend Mann Fußvolk und hunderttausend Reitern zum Kampf. Und als die beiden Heere in Bogenschußnähe gegeneinandergerückt waren, die Truppen des Zeichens der Kriegsdrommeten harrten, die Feldherren durch die Reihen ritten und die Truppen mit mannigfachen Aufrufen anspornten, begann die Schlacht. Sie rangen mannhaft miteinander, doch wichen sie keinen Fußbreit zurück; früh am Morgen hatte der Kampf begonnen und dauerte bis zum Mittag. Da begannen die Perser die Schlacht zu verlieren. Und als Darius sah, die Seinen würden geschlagen, und er selbst war verwundet, ergriff er die

Flucht. Da waren von den Persern dreißigtausend Mann Fußvolks und zehntausend Berittene gefallen, gefangen aber vierzigtausend; von den Makedoniern jedoch waren hundertdreißig Mann Fußvolks gefallen. – Im Lager der Perser nun fand man viel Gold und andere Schätze. Unter denen, die man im Lager gefangengenommen hatte, waren die Frau des Darius*, seine Mutter, zwei Schwestern und zwei Töchter. Dann schickte Alexander Parmenion mit vielen Soldaten, um die persische Flotte zu vernichten. – An dieser Schlacht hatte auch ein ehrgeiziger Perser* teilgenommen, dem hatte Darius

* Sie war Alexander nach der Schlacht bei Issos (333) in die Hände gefallen.

* Bei der Schlacht am Granikos (334) verwundete Mithridates, Schwiegersohn des Dareios, Alexander mit dem Wurfspeer, Rhoisakes zerschlug Alexanders Helm, und sein Bruder Spithridates wollte ihn von hinten mit dem Schwert niedermachen, was aber von Kleitos verhindert wurde. Alle drei Perser – hier in einer Person vereinigt – fielen in der Schlacht.

versprochen, er wolle ihm seine Tochter zur Frau geben, wenn er Alexander tötete. Der legte nun makedonische Kleidung und Waffen an und mischte sich unter die Kämpfer und kam mit den Soldaten Alexanders in dessen Rücken zu stehen. Da zückte er sein Schwert und hieb ihm so heftig aufs Haupt, daß er ihm den Helm durchschlug und ihn am Kopf leicht verwundete. Als die Soldaten Alexanders das bemerkten, ergriffen sie ihn auf der Stelle und brachten ihn vor Alexander. Alexander aber sprach zu ihm: «Ach, du eifriger und sehr tapferer Mann, wie hast du jetzt an mir gehandelt?» Ihm gab der barbarische Perser zur Antwort: «Glaubt nicht, großmächtiger Kaiser, ich sei Makedonier; nein, Perser bin ich. Und versprochen habe ich Darius, ich werde ihm dein Haupt zu Füßen legen. Er hat mir nämlich gesagt und versprochen: ‹Wenn du das bringst, gebe ich dir meine Tochter zur Frau und königliche Provinzen dazu.›» Alexander aber berief all seine Soldaten zusammen, stellte ihn vor sie und sprach: «Männer! Mitkämpfer! So tapfer sollten wir alle sein!» Und er ließ ihn sogleich wohlbehalten heimkehren.

Darius floh verwundet aus der Schlacht und kam in die Stadt Persepolis*. Und er stieg zu seinem Palast hinauf, warf sich zu Boden nieder auf sein Angesicht, seufzte kläglich aus tiefster Brust und sprach unter Tränen: «Ach ich Armer! Der Zorn und die Strafe des Himmels sind über Persien gekommen, denn gedemütigt und zu Boden geworfen ist Darius, der so viele Städte, Inseln, Stämme und Völker unterwarf und in seine Gewalt brachte. Jetzt aber ist er ein Flüchtling und selbst anderen untertan. Wäre dem elenden Menschen kund, was ihm die Zukunft bringt, so würde er schon heute anderes planen. Im Lauf eines einzigen Tages wird der Geringe zu den Wolken erhoben und der Erhabene ins Dunkel gestürzt.» So sprach er, erhob sich vom Boden und setzte sich; da kam er wieder zu sich, und er schrieb Alexander sogleich einen Brief, in dem stand:

«König Darius seinem Gebieter Alexander zum Gruß. Wir bitten Euch um Erbarmen und wollen Euer Gnaden daran erinnern, daß

* Nach der Schlacht bei Gaugamela floh Darius nach Ekbatana, der Hauptstadt von Medien.

auch Du als Mensch geboren bist. Der Mensch, dem Weisheit gegeben, wie sie Dir eignet, ist es zufrieden, daß er den Sieg errungen; nicht soll er sich überheben, sondern stets der letzten Dinge gedenken. Erinnere Dich des so tapferen Königs Xerxes*, meines Stammvaters! Viele Siege errang er und großes Glück, doch da er sich gar zu sehr überhob, erntete er Schimpf und Schande in Hellas, er, der große Schätze von Gold besaß, wie Du selbst bei uns gesehen hast. Gedenke denn, daß den Sieg Dir gab die erhabene Vorsehung. Deshalb gewähre mir Gnade, denn zu Dir nehme ich meine Zuflucht. Du kennst ja uns, unsere Größe und Abstammung. Gib uns zurück unsere Mutter und Schwestern, unsere Gattin und Töchter, und ich will Dir dafür meine Schätze geben, die liegen im Land Miniada, in Susa und Mactra, die haben meine Vorfahren unter der Erde gehortet; und ich setze Dich ein als Herren der Meder und Perser, solange Du lebst. Leb wohl, und der große Jupiter möge den Sieg Dir schenken.»

Des Darius Boten kamen zu Alexander und brachten ihm den Brief. Alexander aber ließ ihn vor allen Soldaten verlesen. Da seine

* Regierte 486–465. Der Griechenlandfeldzug endete mit Niederlagen bei Salamis, Plataiai und Mykale.

Soldaten den Brief hörten, waren sie von Herzen froh, und ein Heerführer, Parmenion mit Namen, sprach zu Alexander: «Großmächtiger Kaiser! Nimm Dir all die Schätze, die Darius Dir verspricht, und gib ihm Mutter, Schwestern, Weib und Töchter zurück.» Da rief Alexander des Darius Boten herbei, und vor allen sagte er ihnen: «Gcht! Sagt eurem Kaiser Darius: Es nehme mich wunder, daß er für Geld seine Mutter, Schwestern, Gattin und Töchter zurückkaufen will. Ist Darius besiegt, soll er mir nicht von Geld sprechen, will er jedoch noch einmal kämpfen, so kämpfe er. Schlägt er aber uns, können wir um so mehr auf Schonung rechnen, wenn seine Mutter, Schwestern, seine Frau und seine Töchter noch in unserer Gewalt sind.» So sprach er, gab ihnen herrliche Geschenke und entließ sie.

Unterdes kehrten des Darius Boten von Alexander heim und meldeten, was Alexander ihnen gesagt hatte. Da machte sich Darius von neuem bereit, mit Alexander eine Schlacht* zu schlagen, und zudem schrieb er Porus, dem König der Inder, einen Brief, in dem stand:

«Darius, König der Perser, Porus, dem König der Inder, zum

* Tatsächlich plante Dareios noch auf der Flucht nach Ekbatana eine Schlacht gegen Alexander und löste damit den Aufruhr gegen sich aus.

Gruß. Erst kürzlich richteten Wir an Euch die Bitte, daß Ihr Uns zu Hilfe eilt gegen jene, die drauf und dran sind, Unseren Palast zu vernichten. Dieser Alexander nämlich, der da mit Uns ringt, ist unbändig wie ein reißendes Tier und rast wie das Meer, wenn der Sturm es peitscht. Meine Mutter erbat ich von ihm und Meine Schwestern, Mein Weib und Meine Töchter und bot ihm dafür die Hälfte Meines Reiches und Meinen Schatz, doch schlug er es aus. So werde Ich, wenn auch widerwillig, viel Volkes zusammenziehen und von neuem mit ihm streiten, werde kämpfen, bis daß Ich sterbe; besser nämlich steht es Mir an, in der Schlacht zu fallen, denn Meinen und Meines Volkes Untergang zu erleben. So laßt Eure Barmherzigkeit nicht Unseres Elends verdrießen, und eilt Uns zu Hilfe, daß Wir erlöst werden von dem Übel, in das Wir geraten. Entsinnt Euch des Verhältnisses Unserer Väter. Und dies verspreche Ich Euch: Allen Männern, die mit Euch kommen, will Ich Sold zahlen – für jeden Monat denen vom Fußvolk je drei Golddukaten, und je fünf Golddukaten den Berittenen; Kost und wes Ihr bedürfen werdet, will Ich Euch geben und allen, die unter Euch dienen; und wo Ihr auch das Lager aufschlagen werdet, sollen Euch einhundertachtzig junge Mädchen gehören, mit reichem Schmuck angetan, die sollen Euch in allem willfahren. Das Pferd Bukephalus aber und Alexanders Rüstung sollen Euer sein; und die Beute, die Wir den Gefangenen entreißen, gehöre zur Hälfte Euerem Heer. Doch bitten Wir herzlich: Eilt doch, sobald Ihr den Brief erhalten habt.»

Unterdes waren einige der Soldaten des Darius zu Alexander geflohen* und berichteten ihm, daß Darius mit den Seinen sich rüste, eine neue Schlacht mit ihm zu schlagen, und daß er Porus, den König der Inder, ersucht habe, ihm zu Hilfe zu eilen.

Da aber die Mutter des Kaisers Darius dies vernahm, war sie gar bekümmert; dennoch schrieb sie ihm einen Brief, in dem stand:

«Dem König Darius, ihrem süßen Sohn, entbietet seine Mutter ihren Gruß. Uns ist zu Ohren gekommen, Du habest Dein Volk einberufen und viele andere Stämme und wolltest nochmals mit Alexander kämpfen. Doch auch wenn Du die ganze Welt vereinigen würdest, könntest Du ihm nicht entgegenstehen, denn Glück und

* Bei der Verfolgung des Dareios gingen immer mehr Perser zu Alexander über.

Sieg haben ihm die Götter verliehen. Deshalb laß ab von Deinem Hochmut und entsage doch ein wenig Deiner Ruhmsucht, denn wenn Du daran festhalten willst, wirst Du das Leben verlieren, Unglück über uns bringen und uns der Achtung berauben, die er uns entgegenbringt. Sei nämlich gewiß, mein Sohn, daß er uns hoch in Ehren hält. Und bereite Deiner Mutter keinen Kummer, denn ich

bin gewiß, daß Du mit Alexander in gutes Einvernehmen kommen kannst, wenn Du nur willst.»

Als Darius diesen Brief gelesen hatte, weinte er und war sehr verstört, da er seiner Familie gedachte.

Unterdes nahm sich Alexander im stillen vor und sprach bei sich, Kaiser wolle er sich nicht nennen, ehe denn er des Darius Reich erobert hätte, und er rückte vor und näherte sich der Stadt, in der Darius lag, und er kam ihr so nahe, daß seine Soldaten die Berggipfel liegen sahen, die die Stadt des Darius überragten. Da befahl Alexander seinen Soldaten, Baumzweige abzuhauen und Grasbüschel auszureißen und das den Pferden, Kamelen und Maultieren seines Heeres an die Hufe zu binden. Auf diese List kam Alexander, damit sie mehr Staub aufwirbelten, und die Perser, wenn sie von den Bergen hinabblickten, sich über die Unzahl ihrer Feinde entsetzten.

Und er kam nach einem Marsch von fünf Tagen zur Stadt Persepolis, in der Darius lag, und schlug ein Lager auf.

Darius nun hatte die Hoffnung auf Frieden verloren, zog ein Heer zusammen, rückte vor, kam zum Tigris*, überschritt ihn und schlug sein Lager dort auf. Das Heer des Darius war sehr groß und stark; er führte zehntausend Sichelwagen mit sich, vierundvierzigtausend Fußsoldaten und hunderttausend Reiter. Am nächsten Tag stießen im Feld aufeinander beide Feinde, Alexander mit seinen Leuten und Kaiser Darius mit den seinen. Alexander stieg auf sein Pferd, das hieß Bukephalus, sprengte vor und hielt nach einem schnellen Ritt vor all den Seinen in der Mitte der Front an. Da die Perser auf der Gegenseite das sahen, waren sie starr vor Entsetzen, sie fürchteten sich nämlich vor ihm, da er schrecklich aussah vor allen. Die Makedonier aber waren kühn von den großen Siegen, die sie errungen; die Perser wollten sterben, wenn sie nicht siegten. Nun tönten die Kriegsdrommeten, man griff an, und sogleich waren die Kämpfer ineinander verkeilt, sie kämpften heftig miteinander, und auf beiden Seiten schallten die Drommeten. Doch lauter klangen die Waffen der Kämpfer denn der Drommetenschall, und auf beiden Seiten fielen Soldaten die Menge. Denn auf beiden Seiten stand eine

* Aus verschiedenen Einzelheiten ergibt sich, daß die Schlacht von Gaugamela (331) gemeint ist. Dareios floh aus der Schlacht.

riesige Schar von Bogenschützen, die ließen die Pfeile durch die Luft schwirren wie Wolken; andere kämpften mit Schwertern Mann gegen Mann, wieder andere mit Pfeilen oder Speeren und Spießen. Und Klagen war da und Not, denn das Feld lag voll von Gefallenen, Halbtoten und Verwundeten. Bei Aufgang der Sonne begann die Schlacht und dauerte bis Sonnenuntergang. Unterdes starben viele auf seiten der Perser. Da nun Darius die Seinen in der Schlacht unterliegen sah, wollte er auch selbst im Kampfe fallen, doch seine Soldaten stimmten ihn um, und so wendete er sich rückwärts und suchte sein Heil in der Flucht. Doch war schon dunkele Nacht. Die Menge der Sichelwagen mähte noch die eigenen Leute hin, die auf der Flucht waren, und das Fußvolk fiel vor ihnen, wie auf dem Acker das Getreide niederbricht unter den Hufen der Pferde.

Darius nun kam zum Fluß, fand ihn gefroren und ging hinüber. Auch die persischen Truppen, die hinter ihm flohen, betraten den Fluß und bedeckten ihn von einem Ufer zum andern; da brach das Eis, und das Wasser riß sie hinab. Die restlichen kamen zum Fluß, doch konnten sie ihn nicht überqueren; da kamen die Makedonier, die sie verfolgten, und machten sie nieder. – In dieser Schlacht ist alles Selbstvertrauen der Perser zerstört worden, so daß sich danach

50
absq; eis q interfecti sunt i ipsis ꝑliis cū eius satrapib' gessit. q fuerunt numero decies nouies cētena milia.

keiner mehr auflehnen wollte, sondern geduldig nahmen die Perser, nachdem sie so lange Jahre geherrscht, das Joch der Knechtschaft auf sich. Alexander aber brauchte volle vierunddreißig Tage, um die Beute zu teilen, die sie in dem Lager gemacht hatten. In keiner Schlacht sonst ist so viel Blut vergossen worden. Alles in allem sind in den drei Schlachten, die er im Laufe von etwa drei Jahren mit Darius schlug, an Reitern und Fußsoldaten fünfzehnhunderttausend gefallen, ungerechnet die, die in den Schlachten umkamen, die er mit den Satrapen des Darius schlug – das waren neunzigmal hunderttausend. Darauf zog er weiter, überquerte den Tigris, schlug sein Lager auf und blieb die Wintertage dort und brachte seinen Göttern Opfer dar. An dem Fluß nun waren herrliche Paläste, die hatte der Perserkönig Xerxes errichtet; Alexander sah sie und befahl, Feuer zu legen, doch packte ihn bald darauf Reue, und er befahl, keiner solle es wagen, sie niederzubrennen.*

An diesem Ort war ein Totenacker*, da wurden seit alten Zeiten die Könige und Richter der Perser bestattet; und die Makedonier gruben und fanden in den Gräbern Gefäße von Gold und Silber und Edelsteinen, und sie stießen auch auf das Grab des Ninus*, Königs der Assyrer, das war aus einem Amethyst geschnitten, und Palmen und Vögel waren eingegraben. So klar war der Amethyst, daß man von außen des Ninus Körper, ja seine Haare sehen konnte.

Und an diesem Orte war ein gar schrecklicher und schlimmer Turm, in dem waren viele Menschen eingeschlossen, die waren verstümmelt – den einen waren Hände, andern die Arme, wieder anderen Beine und Füße oder die Füße allein und die Hände abgehackt. Sie hörten den Lärm der Bewaffneten und schrien alle zu Alexander. Da Alexander ihr Rufen vernahm, ließ er sie aus dem Turm führen, blickte sie an, ward von Mitleid und Kummer gerührt und brach in Tränen aus. Er ließ jedem von ihnen tausend Drachmen geben, das sind zehn Pfund und fünf Drachmen, und versprach, ihnen ihr Gut zurückzuerstatten.

* Alexander nahm Anfang 330 zur Winterszeit Persepolis und brannte die Königsburg zum Teil nieder, zum Zeichen, daß die Herrschaft der Achämeniden gebrochen sei.

* In der Ebene von Persepolis standen viele Prachtbauten, darunter auch Gräber.

* War nach griechischer Überlieferung der Begründer des Assyrischen Reiches.

Darauf rückte er vor und nahm Persepolis, die Hauptstadt des Perserreiches – von allen Städten der Welt die berühmteste und an Schätzen reichste. – Darius nun floh und wollte zu den Parthern. Da verschworen sich zwei seiner Verwandten, einer Bisso* mit Namen, Ariobarzanes der andre, die nahmen ihn gefangen und banden ihn mit goldenen Fesseln; denn sie glaubten von Alexander reichen Lohn dafür zu empfangen. Da sprach Darius zu ihnen: «Ach ihr Teuren, Verwandte, Blutsverwandte ihr, was wollt ihr mich töten? Stehen etwa die Makedonier bei Alexander in höheren Ehren denn ihr bei mir? Weicht von mir, denn genugsam werde ich bedrängt, und begeht dies Verbrechen nicht an mir; denn mordet ihr mich und findet mich Alexander hingeschlachtet wie von Räubern, so wird er sich an euch rächen. Nicht nämlich freut es einen Herrscher, findet er einen anderen Fürsten von den eigenen Leuten gemeuchelt.» Doch keinerlei Mitleid regte sich in ihnen, sie fielen ihn an,

* Bessos, Satrap von Baktrien und Sogdiane, begleitete Dareios auf der Flucht und scharte einige mächtige Perser um sich, u.a. Nabarzanes, mit dem Ziel, den Makedoniern energischer als Dareios Widerstand zu leisten. Der Großkönig wurde festgenommen. Dann erteilte Bessos Satibarzanes und Barsaentes den Auftrag, Dareios zu beseitigen. Dieser starb noch vor Alexanders Ankunft. Bessos wurde später gefangen und hingerichtet, Nabarzanes möglicherweise ebenfalls.

Darius wollte sich mit vorgehaltenem Arm schützen, doch fiel er getroffen zu Boden, und sie ließen ihn halbtot auf dem Felde liegen, in der Hoffnung, er sei tot. Als aber Alexander zu Ohren kam, daß Darius von seinen Verwandten in goldenen Ketten gehalten werde, da beschloß er, ihnen nachzueilen, und befahl, sein Heer möge folgen. Er selbst zog mit sechstausend Reitern vorauf und fand Darius einsam und verlassen am Wege liegen, wie er, durchbohrt von vielen Stichen, das Leben aushauchte. Da Alexander ihn sah, ergriff ihn Mitleid, er stieg von seinem Pferde, warf seinen Mantel ab, bedeckte Darius und verhüllte seine Wunden. Er weinte bitterlich und sprach: «Erheb dich, Herr Darius, erheb dich, und wie du einst Herr deines ganzen Reiches warst, so sei es auch jetzt. Setz dir die Perserkrone aufs Haupt und freue dich deines Ruhmes, wie du bisher getan. Ich schwöre dir bei den allmächtigen Göttern: Ich will wahrhaftig dein Reich nicht haben, sondern speisen will ich mit dir wie ein Sohn mit seinem Erzeuger; kein Herrscher nämlich soll sich der Betrübnis eines anderen Herren freuen, wenn Glück und Freude von ihm gewichen sind. Herr Darius, sage mir doch, wer deine Mörder waren, daß ich an ihnen Rache nehme.»

Da Alexander unter Tränen dies sprach, streckte Darius seine Hand nach ihm aus, umschlang ihn, küßte ihm Brust, Haupt und Hand und sprach: «Alexander, mein Sohn, dein Herz erhebe sich nicht in Hoffart wegen des Sieges, den du errungen. Und hättest du selbst vollbracht, was die Götter doch wirkten, und deine Hände reichten bis zum Himmel, so gedenke stets des Endes, denn Ruhm ist vom Schicksal beschieden – nicht ist er allein dem Herrscher verliehen, sondern jenem, dem er vom Geschick und der Vorsehung zugedacht ward. Blicke mich an und erkenne, wer ich gestern noch war und wer ich heute bin – elendiglich bin ich erniedrigt und in den Staub geworfen. Herr war ich fast der ganzen Welt und habe nun Gewalt über mich selbst nicht mehr. Von Herzen bitte ich dich: Bestatte mich liebevoll mit deinen eigenen Händen; zu meinem Begräbnis sollen Perser und Makedonier gemeinsam kommen; vereinigt werde das Persische Reich mit dem Makedonischen; unter deinen Schutz stelle ich Rodogoni*, meine Mutter, daß du ihrer

* Des Dareios Mutter hieß Sisygambis.

pflegst wie deiner Mutter; gegen meine Gattin zeige Erbarmen und liebevolle Gesinnung; meine Tochter Roxanes* nimm dir zur Frau – du stammst von Philipp, Roxanes von Darius ab, und Kinder trefflicher Eltern soll man verbinden.» So sprach er und gab in Alexanders Armen seinen Geist auf.

Wie es die Sitte bei Herrschern gebietet, ließ Alexander seinen Leichnam beisetzen, er selbst trug ihn mit großem Gepränge. Bewaffnete Makedonier und Perser schritten ihm voran. Alexander selber beugte sein Haupt und trug die Bahre mit den Persern gemeinsam; und da er schritt, weinte er bitterlich. Die Perser aber waren von Alexanders Hingabe noch mehr gerührt denn von des Darius Tod. Und so senkten sie ihn ins Grab.

Da nun des Darius Mörder dies sahen, waren sie verwirrt und berichteten Alexander nichts; zuerst wollten sie seine Absichten ergründen.

Alexander kehrte endlich zurück nach Persepolis, stieg zum Palast

* Tochter des Baktriers Oxyartes. Alexander nahm sie im Jahre 327 zur Frau. Dareios' Tochter Stateira heiratete Alexander im Jahre 324 in Susa bei der Massenhochzeit zwischen Makedoniern und Perserinnen. Stateira wurde auf Betreiben der Roxane nach Alexanders Tod umgebracht.

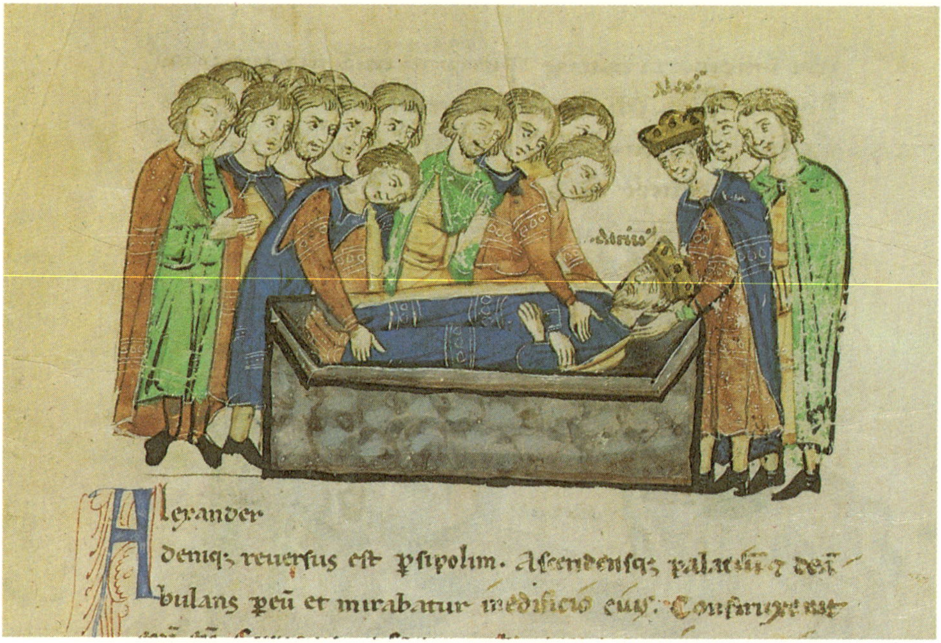

hinauf, durchschritt ihn und wunderte sich des Baus. Errichtet hatte ihn Cyrus*, der König der Perser, und sein Fußboden war mit leuchtenden und bunten Steinen verziert und die Wände alle mit Gold und Edelsteinen geschmückt. Und ein goldenes Bild des Himmels war da, geziert mit Kleinodien und leuchtenden Sternen, und gestützt war es mit Säulen von Gold.

Am folgenden Tage nun saß er, angetan mit persischer Kleidung, mit der Krone auf dem Haupt an erhabener Stelle auf einem goldenen Thron, den hatte einst König Cyrus errichten lassen, und da er die Menge Volkes versammelt hatte, ließ er in Anwesenheit aller einen Brief an alle persischen Provinzen richten, in dem stand:

«Wir, Alexander, König der Könige, Sohn des Gottkönigs Ammon und der Königin Olympias, tun allen persischen Städten und Völkern kund und befehlen: Freude sollte mich rechtens erfüllen, wäre hier nicht so viel Volks ums Leben gekommen; doch da mich Ammon, der Gott, so über Persien siegen lassen wollte, schulde ich ihm und allen Göttern Dank. Wir wünschen und befehlen, daß in allen Städten Fürsten und Statthalter diejenigen seien, die es zu den

* Gemeint ist wohl Kyros II., der Begründer des persischen «Weltreiches» (559–529).

Zeiten waren, da Darius herrschte, und Ihr sollt ihnen gehorchen wie bisher. Ein jeder soll sein Eigentum auch weiter in Besitz behalten. Alle Waffen seien in den Häusern des Königs verwahrt. Wir wünschen und befehlen weiterhin: Jeder Weg von der persischen Provinz nach Hellas stehe offen, damit die, die in Geschäften kommen und gehen, keinen Schaden nehmen, auf daß dies Land reich werde und sich fülle mit Wohlstand. Wir senden Euch unseren Gruß.»

Darauf gebot er allen Schweigen und sprach: «Hört, ihr persischen Männer! Wer von euch die Mörder des Darius, meines Feindes, waren, die mögen vor mich treten, daß ich sie sehe und ihnen würdige Ehre erweise. Nicht sollen sie zaudern, sondern zu mir kommen, denn einen guten Dienst haben die mir erwiesen, die meinen Feind töteten. Bei den allmächtigen Göttern schwöre ich und bei meiner geliebten Mutter Olympias, daß ich sie berühmt und mächtig machen will unter allen Persern.» Dies schwor Alexander; da weinten die Perser allesamt. Die nichtswürdigen Meuchler des Darius, die Mörder Bisso und Ariobarzanes, traten aus freien

Stücken vor Alexander und sprachen: «Großmächtiger Kaiser! Wir sind die, die Darius, deinen Feind, getötet haben.» Da aber hieß Alexander sie sogleich ergreifen, binden, zum Grab des Darius schleppen und ihnen dort das Haupt abschlagen. Sie aber schrien und sprachen: «Großmächtiger Alexander, sieh doch, einen Eid hast du uns geschworen bei den allmächtigen Göttern und beim Heil deiner geliebten Mutter.» Ihnen gab Alexander zur Antwort: «Ich bin euch keine Rechenschaft schuldig, doch des Volkes wegen, das hier versammelt ist, sagen wir euch dieses: Nicht hättet ihr euch zu erkennen gegeben, hätte ich nicht diesen Eid geleistet. Von Anfang an aber hatte ich bei mir beschlossen, daß die Mörder, sollten sie sich entdecken, enthauptet werden. Denn die ihren eigenen Herren erschlagen, was würden sie einem fremden tun?» Also sprach Alexander; da riefen die Perser durcheinander, lobten und priesen ihn wie einen Gott. Die Mörder aber ließ er enthaupten.

Die ganze persische Provinz ordnete er in Frieden, setzte Statthalter und Fürsten an allen Orten ein.

Zu jener Zeit lebte ein Greis in Persien namens Duritus*, ein Oheim des Kaisers Darius, den liebten alle Perser innig. Auf Bitten des ganzen Perservolkes setzte ihn Alexander zum Herrscher über ganz Persien ein.

Am folgenden Tag saß er mit der Krone auf dem Haupt an erhabener Stelle auf seinem goldenen Thron, und gemäß dem Befehl des Darius ließ er dessen Tochter Roxanes kommen, gekrönt mit goldener Krone und geschmückt mit köstlichen Steinen. Er nahm sie zum Weib und hieß sie sich neben ihn setzen an erhabener Stelle auf goldenem Thron, daß alle sie als Königin verehrten. Und so geschah es. Da aber die Perser dies sahen, wurden sie von großer Freude erfüllt, hoben all ihre Götterbilder auf die Schultern, trugen sie vor Alexander, lobten ihn wie mit einer Stimme und priesen ihn als einen Gott und sprachen alle zu ihm wie mit einer Stimme: «Nun hast du vollbracht, was den Göttern wohlgefällig ist.» Da Alexander solches sah, ward er sehr verstört und sprach bebend zu ihnen: «Erweist mir nicht göttliche Ehren, denn vergänglich und sterblich

* Kein Verwandter des Dareios, wurde von Alexander als Satrap bestätigt, später jedoch hingerichtet.

bin ich wie ihr, und nicht ziemt es mir, mich zu den Göttern zu gesellen.»*

Darauf schrieb er einen Brief seiner Mutter Olympias und seinem Lehrer Aristoteles über die Kämpfe und Nöte, die er durchgestanden hatte in Persien, und über die Schätze, die sie dort fanden; von denen waren er und die Seinen allesamt reich geworden. Und weiter schrieb er ihnen, sie sollten seine Hochzeit mit Roxanes begehen, des Darius Tochter, die er zum Weib genommen hatte. Und viele Tage lang hielt er in Persien ein Hochzeitsmahl gemeinsam mit Persern und Makedoniern.

Danach zog er das Heer der Perser zusammen und fiel in Hyrkanien ein, und in schwerem Ringen unterwarf er Hyrkaner und Mangler. Dann führte er Krieg wider die Parther und unterwarf sie, nachdem er viele getötet. Drauf fiel er in Skythien ein, rang die Skythen grausam nieder und machte sie sich untertan.

Und da er Skythien durchquerte und weiter nach Osten gezogen war, stieß er auf ein Volk, das war unrein, widerlich anzusehen und besudelt mit allerlei schändlichem Zauberwerk; es fraß Scheußlichkeiten aller Art – das Fleisch von Raubtieren, Zugtieren und aller Art Getier, auch Vögel und Gewürm; doch nicht allein dies, sondern auch Fehlgeburten und mißgebildete Leibesfrüchte, die im Mutterschoß empfangen waren, jedoch nicht völlig Gestalt angenommen hatten. Die Verstorbenen aber bestatten sie nicht, sondern fressen sie lieber. Da Alexander sie all dies unsagbar Widerliche tun sah, packte ihn Furcht, sie könnten sich über den Erdkreis verbreiten, daß die Erde von ihnen besudelt würde, und er ließ sie zusammentreiben mit Weibern und Kindern und all dem Ihren, verjagte sie aus den Ländern des Ostens und trieb sie gen Norden. Dann betete Alexander inständig zu Gott; der erhörte sein Flehen. Und Gott redete zu zwei Gebirgen, die heißen Promontorium und Boreum*, und sie rückten aneinander auf zwölf Ellen; und Alexander baute zwei eherne Tore und umhüllte sie mit Asbest*, der wird nicht von

* Alexander war schon in Siwah (332) als Sohn Ammons bezeichnet worden. Von den Griechen forderte er 324 göttliche Ehren.

* Es handelt sich eigentlich nicht um zwei Gebirge, sondern die beiden Begriffe zusammen heißen «nördliches Vorgebirge».

* Asynchyton (d. h. «das Unzerstörbare»).

Eisen gebrochen und nicht von Feuer geschmolzen. So nämlich ist der Asbest geartet, daß Eisen an ihm zerbricht und Feuer gelöscht wird wie von Wasser. Keiner kann nun zu diesem Volk gelangen, wie es auch nirgendhin ausbrechen kann.

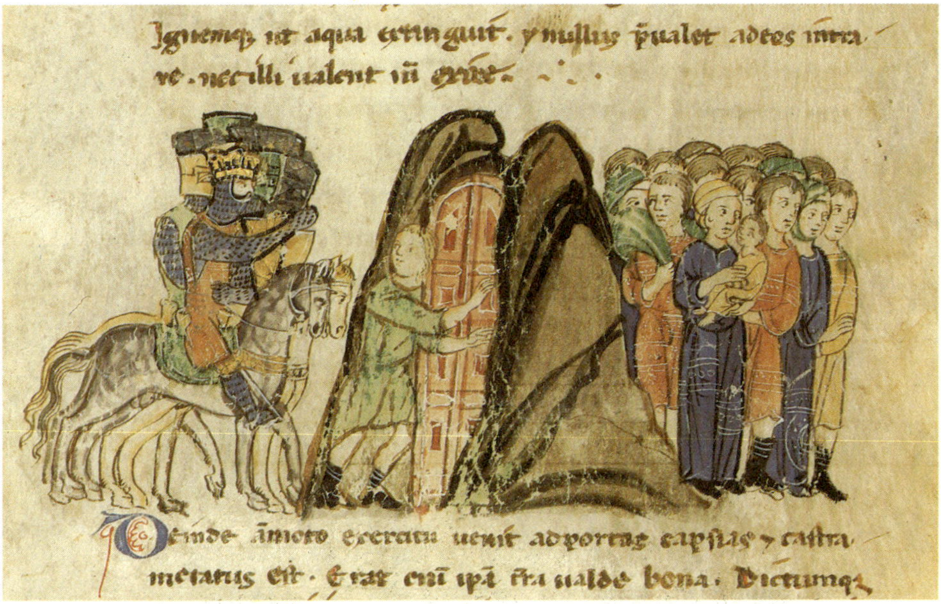

Drauf zog er mit dem Heer weiter, kam zu den Kaspischen Pforten* und schlug dort sein Lager auf; denn diese Gegend war lieblich, doch ward ihm von den Menschen daselbst vermeldet, das Heer möge sich nächtens verschanzen wegen der zahlreichen Schlangen, die Kaspien nährt.

Und er zog mit dem Heer weiter und kam nach Albanien. Die Albaner* nun sind trotzige und kriegerische Männer. Da sie hörten, Alexander rücke heran, strömte sogleich ein großer Haufe von ihnen bewaffnet zusammen, und sie rückten aus zum Kampf gegen ihn. Sie führten mit sich große und starke Hunde, die in Albanien selbst gezüchtet werden; die sind stärker als jedes andere Tier. Es war nun bei diesem Stamm Sitte, daß, wenn sie gegen ein anderes Volk in den Krieg zogen, zuerst jene Hunde losgelassen wurden, drauf

* Paß in Hyrkanien, wo Alexander 330 weilte.

* Die Bewohner der kaukasischen Landschaft Albania (etwa Aserbaidshan).

begannen sie selbst den Kampf, und so überwanden sie ihre Feinde. Als dies Alexander gemeldet ward, befahl er sogleich seinen Soldaten und dem ganzen Heer, ein jeder solle ein Schwein mit sich führen, und wenn die Gegner aufeinanderprallen würden, sollten sie alle ihre Schweine stechen, daß sie quiekten, und sie gegen die Hunde treiben. Und so geschah es. Da nun die Hunde die Schweine quieken hörten, kehrten sie all ihre Wut statt gegen die Menschen wider die Schweine, und sogleich überwand sie Alexander, rieb sie völlig auf und unterwarf die Albaner.

Er schlug das Lager auf und opferte seinen Göttern aufs reichste. Dann ward ihm ein Albanerhund vorgeführt, der war riesenhaft, von wunderbarer Stärke, der besiegte vor Alexanders und seines Heeres Augen einen Löwen und einen Elefanten.

Darauf zog er weiter, kehrte zu den Kaspischen Pforten zurück und zog nach Indien. Und er fiel in Indien ein und zog bei glühender Sonne durch ein weites ödes Land, durch ausgetrocknete Flußbetten und über karstige Hügel. So heiß glühte die Sonne, daß, fand man Wasser an Quellen oder in Brunnen, es kochte, sobald man es in Gefäße füllte. Das setzte ihm und seinen Soldaten heftig zu. Sogar seine Heerführer murrten und sprachen untereinander:

«Es hätte uns doch genügen sollen, daß wir kämpfend bis Persien gekommen sind und uns die Perser, die vorher bei unseren Leuten Steuern einforderten, untertan machten, und noch zu vielen anderen Völkerschaften, die uns und unseren Vorfahren bis dahin unbekannt waren. Was schinden wir uns noch, ziehen nach Indien, wo wilde Tiere zu Hause sind, und vergessen unseres Vaterlands? Dieser Alexander will nichts anderes tun, als Krieg führen und sich fremde Völker unterwerfen, um sich einen großen Namen und Ruhmestitel zu machen. Also wollen wir ihn lassen und zurückkehren in unsere Heimat. Er mag gehen, wohin er mag – mit den Persern.»* Alexander vernahm dies, ließ das Heer anhalten, stieg auf einen Hügel und sprach mit erhobener Stimme: «Scheidet euch und geht auseinander – die Perser zur einen, Makedonier und Griechen zur andern.» Und so geschah es. Alexander aber blickte die Makedonier und Griechen an und sprach zu ihnen: «Ach ihr tapferen Mitstreiter, Makedonier ihr und Griechen! Die Perser da waren bis vor kurzem noch euch feind und mir, da wollt ihr mich jetzt verlassen und zurückkehren in eure Heimat? Wißt ihr noch, wie verängstigt ihr wart durch des Darius Worte und seine Briefe? Damals habe ich

* In diese Szene sind die Erinnerungen an die Meutereien in Alexanders Heer eingegangen.

euch zugeredet, euch aufgerichtet und so euren Mut gestärkt. Und erinnert euch: Wenn wir im Feld mit unseren Feinden im Kampf aufeinandertrafen, habe ich da nicht allein gestanden vor euch allen und bin als erster in die Schlacht gezogen? Bin ich nicht ohne Begleiter, euch zu retten, als Bote zum Kaiser Darius gegangen und habe mich für euch in mancherlei Gefahr begeben? So besinnt euch darauf, daß ich allein sie besiegt habe, und wohin ich mich auch wenden und wo ich wider die Barbaren kämpfen werde, will ich sie mit dem Beistand der Götter besiegen. Wollt ihr nun allein nach Makedonien ziehen, so geht nur, ich aber werde keinesfalls mit euch gehen, ihr jedoch sollt erfahren, daß ein Kriegsheer nichts taugt ohne eines Königs Führung.» So also sprach Alexander, da erröteten die makedonischen und griechischen Fürsten, baten ihn um Vergebung und sprachen: «Großmächtiger Kaiser! Unser Leben ist in eure Hände gegeben. Wohin du ziehen willst, ziehe. Solange wir leben, wollen wir dich nicht verlassen.»

Darauf rückte das Heer vor und kam gegen Ende Juli ins phasiakische Indien und schlug ein Lager auf. Da kamen Boten des Königs Porus* zu ihm und überbrachten ihm einen Brief, in dem stand:

«Porus, König der Inder, vermeldet dem Räuber Alexander, der die Städte besetzt hält und ausraubt, und befiehlt ihm: Da du ein sterblicher Mensch bist, was willst du mächtiger sein denn ein Gott? Mit verweichlichten Leuten hast du bisher gekämpft, denen Tapferkeit fremd ist, solchen, die wert waren, in Bedrängnis zu geraten; und nun glaubst du, weil du sie besiegtest, würdest du alle Menschen unterwerfen, und sprichst: ‹Ich bin sieghaft, und nicht allein die Menschen gehorchen mir, sondern die Götter auch.› Du weißt doch: Dionysus-Bacchus*, der auch Vater Liber genannt wird, kam einst als Eroberer nach Indien, doch machte er vor den Indern kehrt und floh, da er der Tapferkeit der Inder nicht standhalten konnte. Ehe dir also Schimpf und Schande daraus erwächst, raten Wir, ja

* Nicht König Indiens, sondern eines der zahlreichen indischen Reiche. Der Persienfeldzug Alexanders war 329 zu Ende gegangen. Der Indienzug begann 327; über seine Gründe berichten die Quellen nichts.

* Wurde früh mit Liber (meist «Vater Liber» genannt) gleichgesetzt. – Im Altertum erzählte man, Indien sei nie von fremden Eroberern unterworfen worden außer von Dionysos, Herakles und Alexander.

befehlen Wir dir: Kehre eilends in deine Heimat zurück, zumal du doch weißt, daß die Makedonier, bevor Xerxes König der Perser wurde, den Indern Steuern entrichteten,* und nur, weil das Land keinen Nutzen erbrachte, einem König nicht gefallen konnte und sich dort nichts fand, was einen König befriedigt hätte, haben sie es verschmäht, will man doch lieber Überfluß haben denn Armut. Nochmals also befehle Ich dir: Kehre zurück in dein Land. Wo du die Herrschaft nicht erringen kannst, darauf richte nicht dein Verlangen.»

Da nun der Brief in Alexanders Hände gelangt war, ließ er ihn vor allen verlesen. Seine Soldaten aber hörten die Worte und fürchteten sich sehr. Zu ihnen sprach Alexander: «Männer! Mitstreiter! Laßt euren Mut nicht sinken wegen der Worte des Königs Porus! Erinnert euch der Drohungen des Kaisers Darius – wie hochfahrend und vermessen schrieb er doch. Ich sage euch fürwahr: Alle Barbaren gleichen einander, sie sind wie die Tiere, die mit ihnen im Land wohnen, wie Tiger zum Beispiel, Panther und andere Bestien. So setzen sie auf ihre wilde Kraft; davon kommt ihre Tollkühnheit, und daher werden sie stets von den Menschen getötet.» So sprach er

* Natürlich falsch.

und ließ einen Brief an Porus, den König der Inder, schreiben, in dem stand:

«Alexander, König der Könige, Sohn des Gottkönigs Ammon und der Königin Olympias, dem König Porus zum Gruß. Du hast unseren Willen gestärkt und unsere Tapferkeit gemehrt, daß wir gegen Euch kämpfen, da Du uns schriebst, in Makedonien finde sich nichts von Wert und das Land sei unfruchtbar, Indien dagegen ströme über von Köstlichkeit und Süße. So wollen wir, es zu erwerben, voll Mut und Kraft mit Dir kämpfen. Auch schriebst Du, der Mensch liebe Überfluß mehr denn Armut. Wir nun, die wir gering sind, hoffen emporzusteigen zur Höhe Eurer Erhabenheit, deren die Griechen ermangeln. Weil nun aber Euer Schreiben vermeldet, daß Du Herr nicht allein über die Menschen, sondern auch über die Götter bist, so wisse: Ich komme, mit Dir zu kämpfen als einem Menschen, einem Barbaren voll Hoffart und eitler Ruhmsucht, und nicht als einem Gott, denn den Waffen eines Gottes könnte die ganze Welt nicht widerstehen. Wenn die Elementargewalten der Luft – Donner und Blitze und Wasserströme – der Götter Zorn nicht widerstehen können, wie könnten es dann sterbliche Menschen? So wisse denn, daß Dein törichtes Reden mich nicht schreckt.»

Da Porus nun den Brief gelesen hatte, erzürnte er heftig, er zog ein großes Heer zusammen mit vielen Elefanten*, mit denen die Inder in den Krieg ziehen, und rückte Alexander entgegen. Das Heer des Porus war gewaltig groß und stark; zu ihm gehörten achthunderttausend Sichelwagen, dazu Reiterei, Fußvolk und vierhundert Elefanten, die trugen auf ihrem Rücken Türme, und auf jedem Turm standen dreißig zum Kampfe gerüstete Männer. Da aber die Makedonier und die Perser, die unter Alexander standen, die Menge der Heerscharen des Porus erblickten, packte sie Furcht und Schrecken nicht nur wegen der Menschenmasse, sondern auch wegen der Unzahl von Tieren.

Die Gegner stellten sich zum Kampf auf,* Alexander mit seinem Heer und Porus mit dem seinen. Alexander stieg auf sein Pferd, das hieß Bukephalus, und nach einem scharfen Ritt hielt er an vor seinen Truppen und befahl Medern und Persern, als erste in diese Schlacht zu ziehen; er aber stand mit den Makedoniern und Griechen gerüstet beiseite. Und so geschah es. Gleichermaßen klug hatte er bedacht, wie er über die Elefanten obsiegen könne: Alexander

* Erstmals traf Alexander in der Schlacht bei Gaugamela auf Kriegselefanten. Der Turm nahm den Lenker und die Kampfbesatzung auf.
* Die Schlachtschilderung ist erfunden. Die Schlacht selbst fand 325 statt; Poros wurde nach tapferer Gegenwehr geschlagen, er blieb in Alexanders Lager.

Alexander uō castrametatus est ibi et fecit diis suis
uictimas · p̄cepitq; sepelliri tā indos q in ip̄o p̄lio e
rant interfecti · q̄ȝ suos.

führte nämlich eherne Standbilder mit sich, die ließ er ins Feuer stellen, daß sie erhitzt wurden, und mit glühenden Kohlen füllen, daß sie nicht erkalteten; er befahl einen Wagen von Eisen zu machen, darauf wurden sie gestellt und vor die Elefanten gezogen. Die Elefanten nun sahen sie, glaubten, es seien Menschen, streckten nach ihrer Gewohnheit die Rüssel aus, um sie zu packen, da verbrannten sie sich an der glühenden Hitze, flohen voll Schrecken und ließen sich nicht mehr bewegen, gegen Menschen in die Schlacht zu ziehen. Da König Porus sah, wie es den Elefanten ergangen war, erschrak er heftig. Die Meder aber und Perser fielen über die Inder her und streckten sie mit Pfeilen, Speeren und Wurfspießen nieder. In diesem Kampf fiel auf beiden Seiten eine Unmenge Volks. Zwanzig Tage lang rangen sie miteinander, da begannen Meder und Perser in der Schlacht zu unterliegen. Als Alexander das sah, packte ihn heftiger Zorn, er stieg auf sein Pferd Bukephalus, ritt in die Schlacht und kämpfte mannhaft, und Makedonier und Griechen mit ihm; auch sein Pferd stand ihm treulich bei. Sogleich fiel von den Indern eine große Menge. Da Porus die Seinen die Schlacht verlieren sah, wandte er sich um, suchte sein Heil in der Flucht, und die Männer, die die Schlacht überlebt hatten, flohen mit ihm.

secundum suum colorem. habebantque ungulas et rostra in
aurata. et in auribus eorum pendebant margarite
et uniones. et quando volebat porus rex pro musica omnes
melodificabant secundum suam naturam. Et invenit in
ipso palatio multa vasa aurea. et gemmata. et cristal
lina. et ex omni genere lapidum facta ad obsequium ho
minum pertinentia. Erantque ex ipsis pauca argentea. Et
tunc scripsit epistolam ad talistridam reginam amazonum con
tinentem ita

Alexander aber schlug sein Lager auf, opferte seinen Göttern und ließ begraben die Inder, die in der Schlacht gefallen waren, wie die Seinen.

Am folgenden Tag erstürmte er die Hauptstadt des Porus, nahm sie, zog in den Palast ein und fand, was Menschensinnen unglaublich dünken muß: Vierhundert goldene Säulen waren da mit goldenen Kapitellen, und Weinreben hingen zwischen den Säulen herab mit goldenen Blättern, und ihre Trauben waren von Kristall, andere von allerlei Perlen, wieder andere von Smaragden und Rubinen. Die Wände des Palastes waren verkleidet mit Goldplatten, die sägten die Makedonier an und fanden sie einen Finger dick, und die Wände waren mit allerlei Perlen und Rubinen, mit Smaragden und Amethysten geziert. Die Tore des Palastes waren von Elfenbein, die Decken von Ebenholz, die Gewölbe vom Holz der Zypresse, und im Hof des Palastes standen goldene Statuen, zwischen denen wuchsen Platanen von Gold, in deren Zweigen saßen Vögel aller Art, und ein jeder Vogel hatte seine natürliche Färbung; Füße und Schnäbel aber waren vergoldet, und in den Ohren steckten mancherlei Perlen; wenn es nun König Porus gelüstete, so machte die Tonkunst ein jedes zwitschern nach seiner Art. Alexander fand in dem Palast auch viele Gefäße aller Art von Gold, Edelstein und Kristall, die waren bei den Menschen dort in Gebrauch, und nur wenige von ihnen waren von Silber.

Da schrieb Alexander einen Brief an Talistrida, die Königin der Amazonen*, in dem stand: «Alexander, König der Könige, Sohn des Gottes Ammon und der Königin Olympias, Talistrida, der Königin der Amazonen, zum Gruß. Der Krieg, den wir mit Darius führten, und wie wir uns all seine Reiche unterwarfen, ist Euch, wie wir meinen, nicht unbekannt geblieben, und auch nicht, daß wir mit Porus rangen, dem König der Inder, seine Hauptstadt nahmen und kämpften gegen andere Völker – deren Widerstand war vergebens. All das ward Euch kund, wie wir glauben. Deshalb befehlen wir Euch: Zahlt uns Tribut, wenn Ihr nicht wollt, daß wir über Euch herfallen und Euch ein Leides tun.»

* Ein Frauenvolk der griechischen Sage; soll von Osten gekommen sein und im Nordosten Kleinasiens einen Frauenstaat gegründet haben.

Darauf antwortete Talistrida, die Amazonenkönigin, dieses: «Talistrida, Königin der Amazonen, und die sehr mächtigen Amazonen, stärker denn alle Heere, die der Himmel deckt, Alexander, dem König der Könige, zum Gruß. Wir schreiben und vermelden Euch: Bevor Ihr einfallt in unser Land, bedenkt, was Ihr tut, daß Euch nicht unversehens Not und Schande erwachsen, die Dir noch keiner antat bisher. Willst Du unser Land, unsre Lebensart kennenlernen, so erfahre sie aus diesem unseren Brief: Wisse, unser Reich liegt jenseits eines Flusses, auf einer Insel; der Fluß umströmt sie im Rund, hat weder Anfang noch Ende. An einer Stelle nur ist ein schmaler Zugang zur Insel. Zweihundertvierzehntausend Einwohnerinnen sind wir, unbefleckt von der Gegenwart von Männern. Denn unsere Männer wohnen nicht etwa unter uns, sondern jenseits, auf der anderen Seite des Flusses. Jährlich feiern wir dreißig Tage lang das Jupiterfest, überqueren dann den Fluß, vereinigen uns mit unseren Männern und sind weitere dreißig Tage mit ihnen. Wer aber mit seinem Weib längere Zeit in Lust zubringen will, behält sie ein Jahr lang bei sich. Gebiert eine Frau und bringt einen Jungen zur Welt, so bleibt er bei seiner Mutter sieben Jahre, und nach sieben Jahren gibt sie ihn seinem Vater zurück; schenkt sie aber einem Mädchen das Leben, so behält seine Mutter es bei sich. Ziehen wir gegen einen Feind ins Feld, so zählen wir zehnmal hunderttausend Reiter mit Pfeil, Bogen und Wurfspießen gerüstet, die andern indes beschirmen unsere Insel. Den Feinden ziehen wir bis zum Gebirge entgegen. Unsere Männer folgen uns; kehren wir siegreich aus der Schlacht zurück, so beten uns unsere Männer an. Ist eine von uns in der Schlacht gefallen, so beerben sie die überlebenden Frauen.

Wir wollen nun mutig wider Euch kämpfen und unsere Tapferkeit an Euch erweisen. Wenn Ihr uns besiegt, wird Euch kein Ruhm daraus erwachsen, daß Ihr Weiber besiegtet, und nichts werdet Ihr finden bei uns zum Mitnehmen oder Wegschleppen. Hüte Dich denn, Kaiser, daß Dir nicht Schande erwächst! Nun haben wir Euch in diesem Brief unsere Lebensweise geschildert, die wir jahrein, jahraus wahren. Du aber bedenke alles bei Dir, und was Du zu tun gedenkst, das schreibe schleunig, denn wenn Du in kriegerischer Absicht kommst, so wisse: Wir werden Euch entgegenziehen bis zum Gebirge.»

Da nun Alexander den Brief gelesen hatte, lachte er auf und schrieb sogleich einen Brief, in dem stand:

«Alexander, König der Könige, Sohn des Gottkönigs Ammon und der Königin Olympias, Talistrida, der Amazonenkönigin, und allen Amazonen zum Gruß. Die drei Erdteile haben wir uns unterworfen,

Asien nämlich, Europa und Afrika, haben Siege über sie errungen, und so wäre es eine Schande für uns, wollten wir nicht gegen Euch kämpfen. Doch raten wir Euch: Wollt Ihr umkommen und Eures Reichs verlustig gehen, daß es unbewohnt bleibt, so zieht uns, wie Ihr gesagt, zum Gebirge entgegen. Wollt Ihr aber nicht zugrunde gehen, so bleibt auf Eurer Insel, kommt zum Fluß, und so wollen wir Gesprächs pflegen. Eure Männer aber sollen uns draußen entgegenkommen und sich da mit uns unterreden. Ich schwöre Euch bei meinem Vater Ammon und bei meinen Göttinnen Juno und Minerva: Euch soll von uns kein Leides geschehen. Doch zahlt uns Tribut, soviel Ihr wollt. Reiterinnen von Euch Amazonen schickt uns nach Eurem Belieben; wir aber wollen sie in Ehren empfangen, und wenn sie wollen, lassen wir sie zu Euch zurückkehren. Was Ihr nun tun wollt, bedenkt wohl und schreibt uns.»

Sie aber pflogen Rats und schickten ihm zehn Schimmel und ebenso viele weiße Füllen.

Zu dieser Zeit ward Alexander gemeldet, Porus, der König der Inder, der aus der Schlacht geflohen war, sei in Baktriaka* und ziehe

* Baktrien (im Nordosten Persiens) hatte Alexander in den Jahren 329–327 durchzogen.

ein Heer zusammen, um neuerlich eine Schlacht mit Alexander zu schlagen. Da Alexander dies vernommen, brach er mit seinem Heer auf und bestimmte hundertundfünfzig Fürsten, die sollten ihm den Weg weisen. Im Monat August zog er bei glühender Sonne durch sandiges und wasserloses Land voll Schlangen, großen und wilden Tieren. Da befahl Alexander, das Heer solle gewaffnet marschieren. Und so geschah es. Da zog das Heer in voller Rüstung und erstrahlte wie die Sterne, denn all ihre Waffen waren vergoldet. Den ganzen Tag rückten sie vor und fanden keinen Tropfen Wassers. Da fand ein makedonischer Soldat, der hieß Zephirus, in einem hohlen Stein ein klein wenig Wasser, damit füllte er sogleich seinen Helm und brachte es Alexander. Als der das Wasser sah, bedachte er weislich, wie er sein Heer aufmuntern könne, und befahl, das Wasser vor aller Augen auszugießen.

Da seine Soldaten das sahen, waren sie erquickt. Drauf zogen sie weiter.

Am anderen Tage kamen sie an einen Fluß, dessen Ufer waren alle voll Röhricht, und ein jedes Rohr dick wie eine Pinie und sechzig Fuß hoch. Da ließ Alexander von dem Wasser schöpfen, doch war es gar bitter wie Nieswurz.

Nun war Alexander in arger Bedrängnis und das Heer mit ihm, und das nicht nur ihretwegen, sondern auch wegen der Tiere, die starben vor Durst. Alexander führte nämlich mit sich tausend Elefanten, die trugen sein Gold, dazu vierhundert Sichelwagen und tausendzweihundert Zweigespanne, hunderttausend Reiter, dreihunderttausend Mann Fußvolk, dazu Maultiere, Kamele und Dromedare in großer Zahl, die trugen die Lebensmittel und alle Habe der Soldaten, schließlich unzählige Ochsen, Kühe, Schafe und Schweine zum Schlachten. So reich waren die Makedonier geworden, daß sie das Gold kaum selber tragen konnten. Die Tiere konnten sich vor Durst nicht mehr auf den Beinen halten. Die Soldaten leckten teils an Eisen, teils schlürften sie Öl, teils kam es mit ihnen so weit, daß sie ihren Harn tranken. Und große Not kam das Heer an, das ja gewaffnet einherzog. Und auch Alexander litt nicht nur seinetwegen, sondern vor allem um seines Heeres willen.

So folgte er denn dem Lauf des erwähnten Flusses mit bitterem Wasser, und um die achte Stunde des Tages* kam er mit dem Heer an eine Burg, die lag auf einer Insel mitten im Fluß und war aus dem erwähnten Röhricht gebaut. Der Fluß war etwa vier Stadien breit, das ist eine halbe Meile. In der Burg ließen sich nur wenige Menschen sehen. Da ließ sie Alexander auf indisch fragen, wo sich Süßwasser finden ließe. Sie aber verbargen sich. Da ließ Alexander Pfeile zu der Burg schießen. Sie aber versteckten sich noch mehr. Da Alexander sah, sie wollten keinesfalls mit ihm reden, hieß er einige Soldaten nackt in den Fluß gehen und auf die Burg zuschwimmen. Und so geschah es: Einige Wagemutige, siebenunddreißig an der Zahl, stiegen nackt mit gezogenem Schwert in den Fluß. Schon hatten sie den Fluß zu einem Viertel durchquert, da kamen plötzlich die Untiere des Flusses, Flußpferde geheißen, an die Oberfläche und verschlangen sie. Die anderen zogen weiter den ganzen Tag, vom Durst erschöpft.

Dazu noch litten sie große Not, denn Löwen, Bären, Nashörner, Tiger und Panther kamen und fielen über sie her.

* Der Tag wurde in je zwölf Stunden von Sonnenaufgang bis -untergang und von Sonnenuntergang bis -aufgang eingeteilt. Die Länge dieser Stunden schwankte demnach jahreszeitlich.

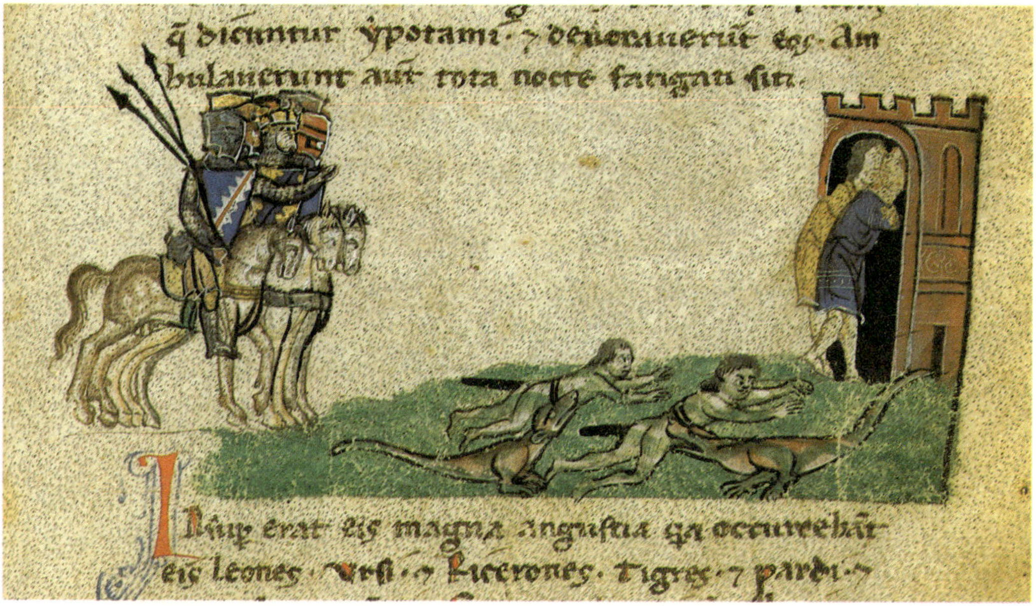

Sie zogen nun zur anderen Seite des Flusses hinüber und kamen um die elfte Stunde an einen lieblichen See mit süßem Wasser. Dort schlug er sein Lager auf, das maß in Länge und Breite vierundzwanzig Stadien, das sind drei Meilen. Drauf ließ er den Wald fällen, der um den See stand; auch dies war ein Wald von dem genannten Rohr. Der See war acht Stadien breit, das ist eine Meile. Dann ließ Alexander viele Lagerfeuer anzünden. Als der Mond aufging, kamen unversehens Skorpione, um am See zu saufen. Drauf kamen Schlangen und Drachen, schrecklich groß und von mancherlei Farbe, und die Erde dröhnte von ihrem Gezisch. Sie kamen gleichfalls von den Bergen und wollten vom Wasser saufen. Die Drachen hatten am Kopf Kämme, ihre Brust war nach oben gekrümmt, die Mäuler geöffnet; todbringender Atem drang aus ihnen, ihre Augen trieften von Gift. Als das Heer sie sah, war es von blassem Entsetzen gepackt, und alle glaubten, es wäre um sie geschehen. Da sprach Alexander ihnen Mut zu und sagte: «Ihr tapferen Mitstreiter, laßt euren Mut nicht sinken, sondern tut, was ihr mich tun seht.» So sprach er, griff zu Spieß und Schild und kämpfte wider die Drachen und Schlangen, die über sie gekommen waren. Da seine Soldaten das sahen, faßten sie wieder Mut, griffen zu den Waffen und kämpften gleichermaßen gegen die Untiere. Die einen töteten sie

sa dura sicut corcodrilli. Iactantes enim sup eos
lanceas suas nullomodo intrabant in dorsa eorum. Sed
tam multos ex eis occiderunt ad ignem. Alii uero eos
traxerunt in ipsum stagnum.

Iam uero
venerat quinta uigilia noctis. Et subito uenerunt
sup eos albi leones maiores tauris. Et cum ma

mit Waffen, andre durch Feuer; dabei fielen den Drachen zwanzig Soldaten zum Opfer und dreißig Sklaven.

Drauf kamen Krebse von wunderbarer Größe aus dem Röhricht, deren Rückenpanzer war so hart wie der von Krokodilen. Die Soldaten schleuderten ihre Lanzen gegen sie, doch drangen die nicht ein in die Rücken, aber viele wurden durch Feuer hingemacht; andere liefen in den See.

Schon war es um die fünfte Nachtwache, da fielen plötzlich mit lautem Gebrüll und wiegenden Mähnen weiße Löwen über sie her, die größer waren denn Stiere. Die Soldaten stürzten auf sie los, stießen die Lanzen in sie hinein und töteten sie.

Drauf kamen Schweine, die waren zum Staunen groß und hatten Zähne eine Elle lang, und mit ihnen waren ungeschlachte Menschen, Männer wie Weiber, von denen hatte jeder sechs Hände; zusammen mit den Schweinen fielen sie über die Soldaten her. Diese aber stießen die Lanzen in sie hinein und töteten sie. Alexander war nun mit dem ganzen Heer in arger Bedrängnis; und er ließ außerhalb des Lagers viele Feuer anzünden.

Drauf kam über sie ein Untier von erstaunlicher Größe, das war stärker als ein Elefant und ähnelte einem Pferd. Sein Schädel war

schwarz, und von der Stirn ragten drei Hörner wie Waffen. Dies Untier hieß auf indisch Odontetirannus*. Bevor es von dem Wasser trank, fiel es über die Soldaten her. Alexander lief hier- und dorthin und sprach seinen Leuten Mut zu. Nun fiel sie das Tier von der

* Gemeint ist das Nashorn (Odontotyrannus – «der König mit dem Zahn»).

anderen Seite an, machte sechsundzwanzig Mann nieder und zertrat zweiundfünfzig, doch wurde es schließlich getötet.

Drauf kamen Spitzmäuse aus dem Röhricht, die waren größer denn Füchse und fraßen die Leichen; wenn sie Tiere bissen, starben die sogleich; den Menschen aber schadete ihr Biß keineswegs, die starben nicht.

Und Fledermäuse flogen dort, größer als Tauben. Ihre Zähne

waren wie Menschenzähne, damit hieben sie in die Gesichter der Soldaten und verwundeten sie so; den einen bissen sie Nasen ab, anderen die Ohren.

In der Morgendämmerung kamen Vögel, groß wie Geier. Sie hatten rotes Gefieder, ihre Krallen und Schnäbel waren schwarz; sie brachten dem Heer keinen Schaden, doch war das Ufer des Sees voll von ihnen – sie holten sich Fische und Aale heraus und fraßen sie auf.

Drauf zog das Heer weiter, verließ die gefahrvolle Gegend und kam nach Baktrien. Dies Land ist voll von Gold und anderen Reichtümern. Die Menschen dort nahmen Alexander freundlich auf, und so rastete das Heer zwanzig Tage. Man stieß auf ein Volk, das wird Serer* genannt. Bäume gab es dort, deren Blätter waren wie Wolle,

die lasen die Leute dort auf und machten sich Kleider daraus. Die Soldaten Alexanders faßten wieder Mut wegen der glücklichen Siege, die sie über die Tiere errungen hatten.

Drauf rückte Alexander mit dem Heer vor und kam an den Ort, wo Porus mit all seinen Truppen lagerte. Am folgenden Tag stellten

* «Seidenmänner», ein Volk im Osten Asiens.

die Gegner im Feld ihre Schlachtreihen auf, Alexander seine Soldaten und Porus die seinen. Alexander saß auf seinem Roß, das hieß Bukephalus, und nach einem scharfen Ritt stand er an der Spitze seines Heeres. Da dröhnten die Kriegsdrommeten durch die Reihen, die Feinde prallten aufeinander und kämpften erbittert; auf beiden Seiten fielen sie in großer Zahl.

Da nun Porus die Seinen im Kampf unterliegen sah, ritt er vor und sprach mit lauter Stimme zu Alexander: «Es ist eines Kaisers nicht würdig, so sinnlos sein Volk zu verderben; vielmehr erweise er selbst seine Tapferkeit. Dein Volk weiche zur einen, das meine zur anderen Seite; ich und du, wir wollen alleine kämpfen Mann gegen Mann. Besiegst du mich, sei mein Volk dir untertan, stirbst du aber von meiner Hand, so falle dein Volk mir zu.» So aber hatte Porus gesprochen, weil er Alexander für nichts erachtete, auf ihn herabblickte wegen seines geringen Aussehens, seiner kleinen Gestalt, denn er war nur drei Ellen groß; Porus vertraute auf seine Körpergröße, denn er maß fünf Ellen*. Und so geschah es. Die Gegner standen einander gegenüber, dann begannen beide den Kampf. Des Porus Soldaten aber schrien laut. Als Porus das Gebrüll seiner Leute hörte, wandte er den Kopf, und sogleich griff Alexander ihn an: Mit beiden Händen packte er das Schwert, griff Porus an, hieb ihm das Haupt entzwei und tötete ihn.*

Da die Inder dies sahen, begannen sie einen wilden Kampf gegen das Heer Alexanders. Doch der sprach zu ihnen: «Ach ihr Elenden! Was kämpft ihr noch nach dem Tod eures Königs?» Ihm gaben die Inder zur Antwort: «Wir wollen lieber nach mannhaftem Kampf im Feld fallen, als den Untergang unseres Volks und die Ausplünderung unseres Landes erleben.» Drauf Alexander: «Hört auf zu kämpfen und kehrt heim in Freiheit und Sicherheit. Wir werden euch nicht ausplündern, denn euer König, nicht aber ihr wagtet, mit mir zu kämpfen.» So sprach er, und sogleich warfen alle Inder die Waffen fort, rühmten Alexander und lobpreisten ihn wie einen Gott.

* Die Körpergröße des Poros wird auch sonst überliefert; er hätte demnach 2,20 m gemessen. – Alexander ist sicher größer gewesen, als hier angegeben, wird aber stets als klein bezeichnet.

* Der Zweikampf Alexander – Poros ist erfunden.

Videntes hoc indi ceperunt acrius pugnare cum eo.
Quibus dixit alexander. Miseri post mortem re-
gis uestri ut quid pugnatis. Cui indi dixerunt. Me-
lius est nobis pugnare uiriliter et mori in campo.
quam uidere desolationem gentis nostre. et depredationem

Alexander schlug ein Lager auf, brachte seinen Göttern Opfer dar und ließ alle begraben, die in der Schlacht gefallen waren. Und so geschah es. Auch Porus ließ er mit allen Ehren bestatten. Und er ließ im Umkreis des Grabes eine Stadt bauen und gab ihr den Namen Alexandria Yepiporum, das heißt «bei Porus».

Dann brach er mit dem Heer auf und kam an einen Ort, da waren zwei goldene Statuen, die waren zwölf Ellen lang und zwei Ellen dick. Da Alexander sie sah, ließ er sie durchbohren, denn er wollte wissen, ob sie hohl wären. Als sie durchbohrt waren, sah er, daß sie nicht hohl waren, und ließ die Löcher mit tausendfünfhundert Goldstücken verschließen.

Drauf zog er mit dem Heer weiter und stieß auf ein Felsgebirg, das war sehr rauh und hoch, dorthin hatte sich eine Menge Volks geflüchtet. Nun hörte er, Herkules sei an der Einnahme dieses Gebirges durch ein Erdbeben gehindert worden. Da erglühte Alexander von heftigem Ehrgeiz, die Taten des Herkules noch zu übertreffen; mit großer Mühe, der Gefahren nicht achtend, überwand er es und unterwarf die Völker dieses Himmelsstrichs.

Drauf zog er mit dem Heer weiter, kam zu den Chorasmern und Dachern, bisher unbezwingbaren Völkern, und machte sie sich untertan. – Drauf gelangte er zu den Restern, Katenern, Persidern und Gangaridern, und er schlug ihre Heere und vernichtete sie. – Drauf zog er mit dem Heer weiter und kam zu den Kophidern und schlug eine Schlacht gegen zweihunderttausend Reiter, und obzwar die Makedonier schon alt und verbraucht waren und seelisch

erschöpft und ihre Kräfte nachließen, siegte Alexander durch größte Anstrengung und nach mancherlei Gefahren, schlug das Lager auf und brachte seinen Göttern Opfer dar.

Drauf zog er mit dem Heer weiter und kam zu den Rankern, Evergaten, Parimern, Paramenern, Aspiern und anderen Völkern, die am Fuße des Kaukasus leben; er griff sie an und warf sie nieder.

Drauf zog er mit dem Heer weiter und kam an einen wüsten und

kalten Ort, da war es so dunkel, daß die Soldaten einander kaum sehen konnten. Sieben Tage marschierten sie weiter, kamen an einen warmen Fluß und sahen am anderen Ufer Weiber leben, die waren sehr schön; sie trugen schlichte Kleider, saßen zu Pferde und hielten silberne Waffen in Händen, denn Bronze und Eisen gibt es dort nicht. Männer sah man nicht unter ihnen. Da das Heer den Fluß überschreiten wollte, vermochten sie es nicht, denn der war breit und voller Drachen und anderem schrecklich großen Getier.

Drauf zogen sie ins östliche Indien und gerieten in einen ausgetrockneten Sumpf, der war voll Röhricht. Als Alexander und sein Heer es durchqueren wollten, stürzte ein Untier hervor, das glich einem Flußpferd. Seine Brust war wie die eines Krokodils, und auf dem Rücken war ein Kamm, der glich einer Säge; seine Zähne waren über die Maßen kräftig; sein Gang war langsam wie der von Schildkröten. Als es hervorbrach, tötete es sogleich zwei Soldaten. Man konnte es mit eisernen Lanzen nicht durchbohren, doch wurde es schließlich mit Eisenhämmern erlegt.

Sie zogen weiter und kamen zu den entlegensten Waldungen Indiens. Dort schlug er sein Lager auf an einem Fluß, der heißt Buemar. Um die elfte Stunde kamen aus den Wäldern Elefanten in

tuerunt eam pforare cu lanceis. Sz tam cu mal
leis ferreis occiderunt illam
Et ambulantes venerunt ad ultimas silvas indie
Et castrametatus est iuxta fluvium & dicebat

castra.
Alio namq; die · De mulieribus silvat
ammoto exercitu cepit ut pstari silvas idie.

großer Zahl und fielen über sie her. Da sprang Alexander auf das Pferd Bukephalus, ritt gegen sie los und befahl den Makedoniern, daß sie aufs Pferd stiegen, Schweine mitnähmen und ihm folgten in den Kampf gegen die Elefanten. Und so geschah es. Da nun die Elefanten ihrer ansichtig wurden, streckten sie die Rüssel aus und wollten sie packen. Die Makedonier sahen das, und Schrecken ergriff sie, und sie wollten gegen die Elefanten nicht kämpfen. Da sprach Alexander zu ihnen: «Ach ihr so tapferen Mitstreiter! Fürchtet euch nicht, denn wir können obsiegen über die Elefanten, wenn die Schweine immerfort quieken.» Und so geschah es. Da die Elefanten das Schweinegequiek und Hörnergeschmetter vernahmen, entflohen sie. Alexander und seine Soldaten aber verfolgten sie, zerschnitten mit Spießen und mit Schwertern ihre Sehnen und erlegten viele von ihnen; ihre Zähne und Häute nahmen sie und kehrten ins Lager zurück.

Am folgenden Tag brachen sie auf und zogen in die indischen Wälder hinein. Dort stießen sie auf Weiber, die waren groß und hatten Bärte bis zu den Brüsten; ihr Haupt war kahl; gekleidet waren sie mit Fellen. Sie waren ausgezeichnete Jägerinnen; für die Jagd

halten sie wilde Tiere statt Hunde. Die Makedonier jagten sie und ergriffen einige von ihnen. Da Alexander sie sah, ließ er sie auf indisch fragen, wie sie in den Wäldern lebten, da es doch keine Behausungen gäbe. Sie aber gaben zur Antwort: «Wir leben von der Jagd und hausen immer in den Wäldern.»

Drauf traten sie aufs freie Feld hinaus, wo der erwähnte Fluß entströmte, und stießen auf Männer und Weiber, die waren nackt, und ihr Leib war behaart wie ein Tierleib. Sie wohnten im Fluß und auf dem Land gleichermaßen. Da sich das Heer ihnen näherte, sprangen sie sogleich in den Fluß.

Drauf zogen sie weiter und stießen auf Weiber, die hatten Eberzähne und Haare bis zu den Füßen. Der Leib aber war behaart wie der des Straußes und des Kamels; an den Lenden wuchs ihnen ein Ochsenschwanz. Groß waren sie zwölf Fuß.

Drauf zogen sie weiter und kamen zu anderen Waldungen Indiens, durch die zogen sie hindurch und stießen auf Weiber, die heißen Lamien*. Sie sind wunderschön, ihr Haar reicht bis zu den Fersen, doch haben sie Pferdefüße; groß sind sie sieben Fuß. Die

* Weibliche Vampire, in Libyen angesiedelt; sprichwörtlich häßlich.

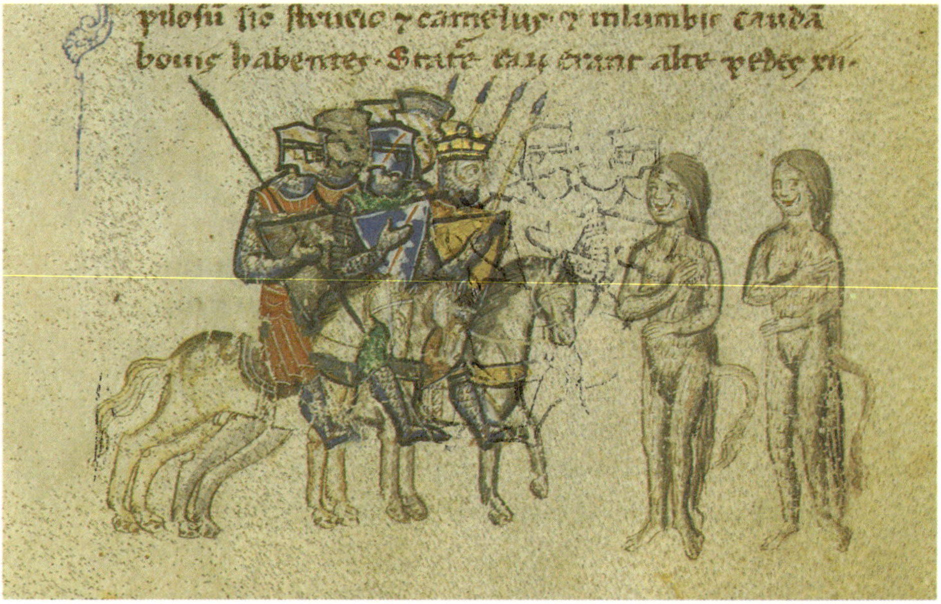

Makedonier jagten sie, fingen einige von ihnen und brachten sie vor Alexander. Da Alexander sie sah, war er verwundert, daß sie von Kopf bis Fuß so schön waren.

Sie zogen weiter und kamen in ein wüstes Gefilde, dort schlugen sie das Lager auf. Da brach um die elfte Stunde der Ostwind mit sol-

cher Gewalt los, daß alle Zelte des Lagers niedergerissen wurden. So kam die Soldaten große Not an, denn der Sturm riß Funken und brennende Scheite von den Lagerfeuern, die sie eben angezündet hatten, empor, verletzte und verbrannte die Soldaten. Da murrten die Soldaten und sprachen untereinander: «Wegen des Zorns der Götter geschieht das, weil wir sterblichen Menschen in das Land der Götter eingedrungen sind.» Da machte Alexander ihnen Mut und sprach zu ihnen: «Männer! Ihr tapferen Mitstreiter! Fürchtet euch nicht, denn an diesem Unwetter ist schuld nicht der Götter Zorn, sondern im Herbst zur Zeit der Tagundnachtgleiche geschieht, was ihr jetzt erlebt habt.» Als der Sturm sich gelegt hatte, sammelten die Soldaten wieder auf, was der Wind verstreut hatte.

Sie zogen weiter, kamen in ein riesiges Tal und schlugen darin ihr Lager auf. Doch bevor er in dies Tal gekommen war, sah Alexander am Wege einen seiner Soldaten liegen, der war vor Alter erschöpft und entkräftet. Da stieg Alexander selbst vom Pferd, hob ihn hinauf, führte ihn ins Lager, wärmte ihn und brachte ihn wieder zu Kräften.

Alexander ließ viele Lagerfeuer anzünden; denn es brach eine große Kälte ein. Schnee fiel, größer als Wollflocken.

Alexander fürchtete nun, der Schnee könne sich aufhäufen, und er ließ die Soldaten ihn mit den Füßen festtreten. Viel halfen ihnen

dabei die Feuer, die sie angezündet hatten, und doch kamen unter den Schneemassen fünfhundert Soldaten ums Leben, die ließ Alexander bestatten. Drauf brachen starke Regengüsse herein, und das war ihr Glück, denn so schmolz der Schnee. – Unterdes kam mit dem Regen eine ungeheure dunkle Wolke, so daß sie drei Tage lang

des Sonnenlichts entbehrten, denn die dunkle Wolke hing über ihnen. – Und vom Himmel fiel Gewölk herab, brennend wie Fakkeln, und das ganze Gefilde stand von ihrem Brande in Flammen. Da brachte Alexander seinen Göttern Opfer dar, und da er zu ihnen flehte, heiterte sich der Himmel auf.

Drauf marschierte er weiter und kam zu den Oxidrakern*. Die Oxidraker sind Menschen ganz ohne Hochmut und führen mit keinem Volk Krieg. Nackt laufen sie einher, hausen in Hütten oder in Höhlen; Häuser kennen sie nicht noch Städte. Gymnosophisten sind sie genannt, das heißt «nackte Weise». Da nun der König dieses Volkes erfuhr, Alexander rücke an, sandte er seine Würdenträger zu ihm mit einem Brief, in dem stand:

«Die sterblichen Gymnosophisten dem Menschen Alexander: Wie wir vernommen, ziehst Du gegen uns los. Wenn Du kommst, um zu kämpfen, so wisse, daß Du keinen Gewinn daraus ziehen wirst, denn Du wirst nichts vorfinden, was Du uns wegnehmen und fortschleppen könntest; und was die Natur uns verliehen, davon kann

* Die Oxydraker werden bei den Historikern als starkes, wehrhaftes Volk geschildert. In der Erzählung hier sind vermengt die Unterwerfung der Oxydraker, Alexanders Unterredung mit zehn Brahmanen, die durch kluge Antworten auf Alexanders Fragen ihr Leben retteten, und Alexanders Verkehr mit indischen Asketen, «Gymnosophisten».

uns keiner mehr entreißen, als die göttliche Vorsehung ihm zuwies. Kommst Du, eine Schlacht zu schlagen, so wisse: Unser einfaches Leben ändern wir nicht.»

Alexander las den Brief und ließ ihnen melden: «Wir kommen in friedlicher Absicht zu euch.» Alexander kam nun zu ihnen, sah sie nackt einherlaufen und in Einöden, Hütten und Höhlen hausen; ihre Weiber und Kinder lebten von ihnen getrennt in Gemeinschaft der Tiere. Da fragte er sie: «Kennt ihr denn keine Gräber?» Sie aber wiesen ihm die Hütten und Höhlen, in denen sie hausten, und sprachen zu ihm: «Dies Lager ist uns allezeit genug.» Drauf Alexander zu ihnen: «Verlangt von mir, was ihr wollt– ich will es euch gewähren.» Und sie : «Verleiht uns Unsterblichkeit; nach der verlangen wir – an allem anderen haben wir Überfluß.» Ihnen gab Alexander zur Antwort: «Sterblich bin auch ich selbst und kann euch also Unsterblichkeit nicht verleihen.» Drauf sie zu ihm: «Wenn du denn sterblich bist, was streifst du einher und tust so viel Unheil?» Und er antwortete ihnen: «Niemand andres bestimmt dies denn die himmlische Vorsehung; wir sind ihre Knechte und folgen ihrem Befehl. Ihr wißt doch: Das Meer schäumt nur, wenn es der Sturm aufwühlt. Ich wollte schon in Frieden leben und den Krieg lassen, doch erlaubt mir der Herr meines Sinnens und Trachtens nicht, dies zu tun.

Wären wir alle von gleichem Wesen, läge die Welt noch wie Brachland.» So sprach er und ließ sie in Frieden.

Drauf zog das Heer weiter und kam in eine Ebene, da wuchsen Bäume, die waren wunderbar groß; wie die Sonne emporstieg, wuchsen sie und starben ab mit dem Sinken der Sonne: Um die erste Stunde des Tages kamen sie aus der Erde hervor, wuchsen bis zur sechsten Stunde, wurden dann kleiner bis Sonnenuntergang und verschwanden im Boden. Diese Bäume trugen wohlriechende Früchte, und da Alexander sie sah, befahl er sogleich einem seiner Soldaten, eine Frucht von den Bäumen zu pflücken und sie ihm zu bringen. Der nun ging los, eine Frucht zu pflücken, da traf ihn ein böser Hauch, und er starb. Dann vernahmen sie eine Stimme vom Himmel, die gebot ihnen, keiner dürfe den Bäumen sich nahen, denn wer sich ihnen nahe, der würde sogleich verderben. – Gleichfalls in diesem Gefilde gab es ganz friedsame Vögel, doch wollte sie einer berühren, so spien sie Feuer, und er verbrannte.

Drauf zogen sie weiter und kamen zu dem breiten Strom Ganges*, den die Heilige Schrift Phison nennt; dort schlug er das

* Alexander kam bis zum Hyphasis, einem Nebenfluß des Indus, und zog dann den Indus hinab. Der Paradiesfluß *Pison* wurde häufig mit dem Indus gleichgesetzt.

Lager auf. Und als die Makedonier über den Fluß blickten, sahen sie da Männer einhergehen, die ließ Alexander auf indisch fragen, wer sie seien. Sie aber gaben zur Antwort, sie seien Brahmanen*. Nun kam Alexander der Wunsch an, sich mit den Brahmanen zu unterreden, doch konnte er den Fluß mit dem Heer nicht überschreiten, denn darin war eine Menge Flußpferde, Skorpione und Krokodile, die schwammen stets in dem Fluß, nur im Juli und August nicht. Ich weiß nicht, warum sie dann verschwinden. Als nun Alexander sah, er könne wegen der Untiere den Fluß nicht überschreiten, rief er die Brahmanen an, die er jenseits des Flusses sah. Und sogleich kam einer mit einem leichten Boot ruhig zu ihm gerudert. Ihm gab Alexander einen Brief, den er zu Dindimus*, dem König der Brahmanen, tragen sollte, und in dem stand:

«Alexander, König der Könige, Sohn des Gottkönigs Ammon und

* Sie sind kein Volk mit einem Staat, sondern die indische Priesterkaste. Die im folgenden geschilderte Lebensweise gilt nicht für alle Brahmanen, sondern nur für deren dritte Lebensperiode als Vanaprastha; hinzu tritt Gedankengut der kynischen Philosophen Griechenlands (bekanntester Vertreter: Diogenes).

* Der Lehrer (didaskalos) der Brahmanen, griech. Dandamis, geht auf eine historische Figur dieses Namens zurück; dieser Dandamis war vor 397 geboren und war zu Alexanders Zeit der älteste der Gymnosophisten im Reich des indischen Fürsten Taxiles und dessen Ratgeber. – Der hier gebotene Briefwechsel ist fingiert.

der Königin Olympias, Dindimus, dem Brahmanenkönig, zum Gruß. Wir haben oftmals gehört, Euer Leben und Eure Sitten seien ganz verschieden von denen der anderen Menschen. Uns kam zu Ohren, daß Ihr Nutzen zieht weder von der Erde noch von der See, doch vermögen wir das nicht zu glauben. Wenn es aber wahr ist, so seid Ihr überaus staunenswerte Menschen. Deshalb bitten wir Dich mit diesem Brief herzlich und wünschen, daß Ihr, wenn es wahr ist, uns alles vermeldet. Und wenn Ihr nach weislicher Überlegung so lebt, so will ich Euch nachleben, soweit möglich; denn seit meiner Kindheit trug ich stets Verlangen zu lernen.

Unsere Weisen nämlich führen uns so, daß unsere Lebensart keiner tadeln kann, der wohl zu leben versteht. Doch haben wir nun von Euch gehört, Eure Meister hätten Euch andere Einsichten vermittelt und Ihr folgtet anderen Lehren; deshalb dringen wir neuerlich in Euch und bitten, Ihr wollet uns ohne Zögern schreiben und berichten; denn Euch wird kein Schaden daraus entstehen, doch uns könnte womöglich daraus Nutzen erwachsen. Gut ist es und dienlich, wenn sich der Mensch mit dem Menschen austauscht, denn keinen Nachteil bringt ihm seine edle Gesinnung, wenn er einen andern so gut macht, wie er selbst ist. So ist er wie einer, der eine brennende Fackel hat, an der viele andere die ihren entzünden – sie geht ihres Lichts nicht verlustig, doch macht sie die anderen leuchten. So steht es auch um den Edelmut des Menschen. Deshalb bitten wir Dich inniglich für und für: Tu uns kund ohne Zögern, wonach wir bittend Dich fragen.»

Da nun Dindimus den Brief erhalten hatte, las er ihn und setzte sogleich ein Schreiben auf, in dem stand:

«Dindimus, Lehrer der Brahmanen, Alexander, dem König der Könige, zum Gruß. Durch Deinen Brief ward uns kund, Du wolltest erfahren, was vollkommene Weisheit sei; daraus ersehen wir und wissen, daß Du sehr klug bist, und müssen loben, daß Du die vollkommenen Weisheitslehren kennenlernen willst, die mehr sind denn alle Herrschaft; der Herrscher nämlich, der Weisheit nicht kennt, wird nicht seine Untertanen beherrschen, sondern diese beherrschen ihn. Doch scheint es uns unmöglich, Ihr könntet unser Leben führen und Euch nach unseren Sitten richten, denn unsere Lehren sind sehr verschieden von Euren – die Götter verehren wir nicht, die Ihr anbetet, noch führen wir das Leben, das Ihr lebt. So wollte ich Dich um Vergebung bitten, denn Du hast uns gebeten und aufgetragen, Dir alles zu vermelden, doch kann es nicht frommen, wenn ich Dir unsere Lebensweise beschreibe, denn Du hast keine Zeit zum Lesen, bist Du doch mit Kriegssachen beschäftigt. Doch damit Du nicht meinst, ich schwiege aus Neid, will ich, so gut ich kann, schreiben, worum Du mich gebeten:

Wir Brahmanen führen ein schlichtes und lauteres Leben, wir sündigen nicht und wollen nicht mehr haben, als die Sorge für unsere Natur uns gebietet. Alles erdulden wir und ertragen es. Notwendig nennen wir nur, was nicht überflüssig ist. Nicht ist es uns gestattet, daß wir das Feld mit dem Pfluge pflügen, das Land mit Saaten bestellen, Ochsen vor den Wagen spannen, Netze durchs Meer ziehen, um Fische zu fangen, jagen auf die Tiere der Erde oder die Vögel des Himmels. Früchte wachsen uns zu im Überfluß, und keine anderen wollen wir zur Nahrung, als Mutter Erde ohne Zutun des Menschen hervorbringt. Nur die Speisen kommen auf unseren Tisch, die uns nicht schaden, und mit Nahrung überladen wir nie unseren Magen, denn Magenerweiterung ist uns verboten. So sind uns auch Krankheiten fremd; solange wir leben, sind wir allzeit gesund. Wir bereiten uns auch keine Heiltränke, brauchen keine Hilfsmittel für die Gesundheit unseres Leibes. Zu einem bestimmten Tag kommt der Tod uns an, denn keiner lebt länger als der andere, sondern wie sie geboren, so ereilt alle in gleicher Folge der Tod. Keiner von uns sitzt bei Kälte am Feuer, Schmerzen empfinden wir nicht, nackt setzen wir uns dem Wind aus. Dem Verlangen unseres Leibes geben wir nicht nach, und alles tragen wir in Geduld.

Du aber, Kaiser, erringe den Sieg über all das und über die Feinde, die Du in Dir selbst trägst – äußere Feinde kannst Du nicht haben. Nur deshalb kämpfst Du wider die Gegner, die außer Dir sind, daß Du die Feinde nährst, die in Dir selbst wohnen. Wir Brahmanen aber haben alle die Feinde, die in unserem Leib hausten, getötet, und deshalb fürchten wir die äußeren Feinde nicht, begehren auch wider sie von niemandem Beistand – vom Land nicht und nicht von der See; in Sicherheit leben wir stets, von aller Furcht frei.

Unsere Leiber decken wir mit Blättern von Bäumen, deren Früchte wir essen, mit Milch nähren wir uns und Wasser vom Tababenus-Fluß. Immer lobpreisen wir Gott und wünschen uns das ewige Leben im Jenseits. Nichts wollen wir hören, was des Nutzens entbehrt. Wir reden nicht viel, sagen immer die Wahrheit, und haben wir gesprochen, so schweigen wir. Reichtum lieben wir nicht, denn unstillbar ist die Begierde, die die Menschen arm macht, wenn sie dem Raffen kein Ende setzen können. Keinen Neid gibt es unter uns, denn keiner ist stärker als der andere, und unsere Armut scheint uns Reichtum zu sein, da sie allen gemein ist. Streit beginnen wir nicht, greifen nicht zu den Waffen. Frieden ist uns zur Gewohnheit geworden, ist nicht unser Verdienst. Gerichte haben wir nicht, denn nie begehen wir Verbrechen, derentwegen wir vor Gericht gezogen würden. Gesetze sind wider unsre Natur. Mitleid kennen wir nicht, denn wir tun auch nichts, weshalb wir um Mitleid flehen müßten. Keinem vergeben wir seine Schuld, damit Gott unsere Sünden vergibt, noch bringen wir, wie Ihr tut, unseren Reichtum dar für unsere Missetaten. Nichts tun wir, was die Habgier stärkt. Unsere Glieder überlassen wir nie ihren Begierden. Ehebruch begehen wir nicht noch sonst ein Verbrechen, das uns reuen müßte, wie es Euch ergeht, die Ihr unrecht tut und dann schleunig büßt; dann werft Ihr Euch die Frevel vor, die Ihr tut, wie Ihr sonst gegen Eure Feinde redet. Über unser Tun klagen wir nicht, da wir in allem recht tun. Eines plötzlichen Todes sterben wir nicht, weil wir die Luft nicht durch unreine Taten verpesten.

Unsere Kleidung färben wir nie mit bunten Farben. Unsere Weiber schmücken sich nicht, uns zu gefallen. Schmuck erachten sie für lästig, denn schön wollen sie sein nicht durch Geschmeide, sondern durch die Gestalt, die ihnen angeboren ist. Denn wer könnte das Werk der Natur verbessern? Wollte es aber einer verändern, so ist das ein Frevel, weil es unrecht getan ist und zudem nicht Bestand haben kann. Wir baden nicht und brauchen kein warmes Wasser, um unsere Leiber zu waschen – die Sonne spendet uns Wärme, uns netzt der Tau.

Berechnung liegt uns fern. Wir haben keinen Menschen zum Knecht, denn wir herrschen nicht über Menschen, die doch sind wie wir. Überhaupt ist es grausam, einen Menschen zum Knechtsdienst zu zwingen, hat doch die Natur ihn uns zum Bruder bestimmt, ihn, der vom selben himmlischen Vater erschaffen ist, der auch uns einst erschuf.

Wir brennen keine Steine zu Kalk, um uns Wohnhäuser zu errichten, noch machen wir Gefäße aus Erde. In Löchern hausen wir oder Berghöhlen, wo man den Wind nicht heulen hört und Regengüsse uns nicht schrecken. Sorglos schlafen wir auf der Erde. Solche Behausungen haben wir also; in ihnen wohnen wir, solange wir leben, und sterben wir, sind sie unsere Gräber.

Wir fahren nicht übers Meer, um Handel zu treiben; viele Gefahren drohen denen, die zur See fahren, und viel Schlimmes machen sie durch.

Die Kunst der Wohlredenheit lernen wir nicht, schlicht sagen wir alles, und so kommt es nicht vor, daß wir lügen. Die Schulen der Philosophen besuchen wir nicht, denn strittig ist alles in ihren Lehren, nichts Sicheres gibt es bei ihnen, nichts auch, was feststeht, sondern immerdar Lügen. Jene Schulen suchen wir auf, deren Lehren eindeutig sind, und die uns vermitteln, was in den Schriften steht, uns lehren, keinem zu schaden, sondern zu helfen, wie es recht ist und billig; nichts lernen wir dort, was uns Kummer bereiten könnte.

Spiele lieben wir nicht. Wollen wir aber erfahren, was spielen heißt, so lesen wir von Euren und Eurer Vorfahren Taten: darüber müßte man lachen, doch weinen wir drüber. Anderes sehen wir, was wir bewundern und was uns erfreut, nämlich den Himmel, der von Sternen herrlich erstrahlt, die leuchtende Sonne in ihrem Lauf, ihre Strahlen, die den ganzen Erdkreis erleuchten. Wir sehen, wie das Meer purpurn glänzt; wenn aber ein Sturm sich erhebt, zerstört es nicht, wie in Eurer Heimat, das Land an der Küste, sondern umarmt es wie seine Schwester. Tag für Tag sehen wir dort auch allerlei Fische springen und das Spiel der Delphine. Wir freuen uns am Anblick der blühenden Auen, von denen der süßeste Duft in unsere Nasen emporsteigt, davon werden auch unsere Augen vom Anschaun gesättigt und unsere Leiber gekräftigt. So auch ergötzen wir uns an den schönsten Plätzen der Wälder, an Quellen, und lauschen den Liedern der Vögel. Dies ist unsere Lust. Unser Wesen ist nun so beschaffen, daß es Dich, o Kaiser, wohl hart ankommen wird, willst du Dich danach richten; willst Du es Dir aber nicht zum Beispiel nehmen, so ist das nicht unsere Schuld, denn alles, worum Du uns gebeten hast und ersucht in dem Brief, haben wir aufgeschrieben und kundgetan. Wenn Du erlaubst, will ich aber noch ein weniges sagen über Eure Lebensweise, derentwegen die unsere Dir roh zu sein scheint.

Asien, sagt Ihr, Europa und Afrika habt Ihr mit engen Grenzen umschlossen; die Strahlen der Sonne macht Ihr verblassen, wenn Ihr Anfang und Ende ihrer Bahn in Waffen ausforscht. Pactoli und Hermi, Flüsse, die strahlendes Gold führen, macht Ihr bleich und arm. Ihr sauft, daß der Nil in seinem Lauf sinkt. Ihr lehrt, wie der Mensch den schrecklichen Ozean mit Schiffen befährt, versichert, des Tartarus Wächter, den Hund Zerberus*, könne man einschläfern durch Geld. Alles freßt Ihr und seid doch immer von kläglicher Gestalt. Eure Söhne mordet Ihr und bringt sie als Opfer dar; huren laßt Ihr selbst Eure Mütter. Zwietracht sät Ihr zwischen Königen; hoffärtig macht Ihr auch die Geringen – den Menschen redet Ihr ein, die Erde könne ihnen nimmer genügen, sondern im Himmel bereitet Ihr Wohnungen und verlangt sie für Euch. Durch Eure Götter begeht Ihr Sünden, wie sie einst selber getan. Zeugen können dafür Jupiter, Euer Gott, und Proserpina*, Eure Göttin, die Ihr verehrt – ihn, weil er viele Weiber zum Ehebruch verführte, sie, weil sie mit vielen Männern Beischlafs pflog. Ihr laßt die Menschen nicht frei leben, sondern macht sie zu Knechten. Ihr richtet nicht nach billigem Urteil, sondern laßt die Richter die Gesetze verdrehen. Ihr redet viel, was geschehen sollte, und tut doch nichts. Keinen andern erachtet Ihr für weise als den Zungenfertigen; all Euer Verstand liegt Euch auf der Zunge, und all Eure Weisheit ist Euer Mundwerk; und wiewohl Ihr in Eurer Sprache viel zu schwatzen wißt, sind die doch viel besser, die zu schweigen verstehen.

* Hund, der das Eingangstor des Hades hütet. Er wurde oft mit mehreren (drei bis hundert) Köpfen dargestellt.

* Göttin der Toten, der Unterwelt und der Fruchtbarkeit. Seit dem 4. Jahrhundert v. u. Z. war eine verbreitete Tendenz, Götter als Menschen der Vergangenheit zu erklären, z. B. als Erfinder (Aphrodite, die Göttin der Tempelprostitution, als Erfinderin der Prostitution überhaupt). Diese Erklärungsversuche, als «Euhemerismus» bezeichnet, wurden noch lange von christlichen Schriftstellern tradiert.

Gold häuft Ihr und Silber, wollt riesige Häuser haben und zahlreiche Sklaven – und doch eßt und trinkt Ihr nicht mehr, als ein jeder andre Mensch essen und trinken kann. Alles besitzt Ihr und herrscht über die Reichtümer, die Ihr Euer eigen nennt; allein die Weisheit der Brahmanen übertrifft Euch in allem, denn, meinen wir, jene Mutter hat Euch geboren, die auch die Steine gebar. Ihr schmückt Eure Gräber und tut Eure Asche in Urnen aus Edelstein. Was könnte es Ekleres geben als Knochen, die doch die Erde aufnehmen soll? Ihr verbrennt sie und laßt die Erde nicht aufnehmen in ihren Schoß, was sie geschaffen. Wenn Ihr, elende Menschen, eine prachtvolle Grabstatt aufrichtet, da sollen die Menschen sehen, welche Verdienste Ihr Euren Lieblingen nach dem Tode zuschreibt.

Wir schlachten den Göttern zu Ehren kein Vieh, bauen auch keine Tempel, wo wir von jedwelchem Gott goldne und silberne Bildnisse aufstellen, wie Ihr tut, noch fügen wir Altäre von Gold und von Edelstein. Bei Euch jedoch gilt das Gebot, daß Ihr die Götter beschenkt von all Eurer Habe, damit sie Eure Bitten erhören. Nicht begreift Ihr, daß Gott nicht um Gold, nicht um das Blut eines Rindes, Bocks oder Widders den Menschen erhört, sondern er leiht ein geneigtes Ohr guten Werken, die ihm wohlgefällig sind, und dem Flehenden durch des Gebetes Worte, denn nur durch das Wort ist der Mensch gottähnlich, denn Gott ist das Wort, durch dieses Wort hat er die Welt geschaffen, durch dies Wort ist alles lebendig. Wir verehren dies Wort, beten es an, lieben es, denn Gott ist Geist und Seele und liebt daher nichts denn reine Herzen. So heißen wir Euch aberwitzig, da Ihr nicht faßt, daß Euer Wesen überirdisch und gottähnlich ist, sondern es beschmutzt durch Buhlschaft, Hurerei und Götzendienst. Ihr liebt und treibt immerzu, was, wenn Ihr es treibt, Euch unrein macht, solange Ihr lebt, daß Ihr nach Eurem Tode gepeinigt werdet. Gott glaubt Ihr Euch gnädig zu stimmen durch das Fleisch und das Blut, das Ihr ihm geopfert.

Ihr dient nicht dem einen Gott, der im Himmel thront, sondern dient vielen Göttern. So viele Götter betet Ihr an, als Ihr Glieder am Leib habt, denn eine Kleine Welt nennt Ihr den Menschen*, und

* Der Mensch (Mikrokosmos, d.i. kleine Welt) ist nach der Vorstellung des Antiochos (geb. um 120 v.u.Z.) das Abbild des Weltalls (Makrokosmos, d.i. große Welt). Die Teile des menschlichen Körpers stehen unter der Herrschaft der Planeten.

wie er aus vielen Teilen besteht, so, behauptet Ihr, gäbe es verschiedene Götter im Himmel, und einem jeden weiht Ihr einen Teil Eures Leibes, schlachtet Ihr eigene Opfer und gebt ihm hochtrabende Namen. Weil Minerva vielerlei erdachte, sagt Ihr, sie sei Jupiters Haupt entsprungen und sei im Besitz aller Weisheit, deshalb sei sie die Herrin des Kopfes. Juno war zornig, deshalb nennt Ihr sie Göttin des Herzens. Mars führte Kriege, so nennt Ihr ihn Gott der Brust. Merkur redete viel, so nennt Ihr ihn Gott der Zunge. Herkules vollbrachte zwölf Wunderwerke, so nennt Ihr ihn Gott der Arme. Bacchus war der Erfinder der Trunkenheit, so nennt Ihr ihn Gott der Kehle, der über die Gurgel gestellt sei, als herrschte er über einen Keller voll Wein. Cupido war ein Hurer, so sagt Ihr, er halte eine brennende Fackel in Händen, mit der er die Begierde entzündet, und nennt ihn Gott der Leber, in der ja die Wärme des Körpers zum größten Teil wohnt. Ceres erfand einst das Getreide, so nennt Ihr sie Göttin des Bauches. Venus war die Mutter der Geilheit, so nennt Ihr sie Göttin der Geschlechtsteile. Jupiter, sagt Ihr, herrscht über die Lüfte. Apoll nennt Ihr Gott der Hände, weil er Musik und Medizin als erster erfand. So teilt Ihr des Menschen Leib ganz auf unter die Götter, laßt kein Glied übrig, über das Ihr selber Gewalt hättet, und faßt nicht, daß der eine Gott, der im Himmel thront, Euren Körper erschuf. Diese Eure Götter aber zollen Euch keinen Dank wie freien Menschen, sondern wie von dienenden Leibeigenen verlangen sie von Euch Geschenke, und einem jeden bringt Ihr andere Gaben dar*: Mars opfert Ihr Eber, Bacchus Böcke, Juno Pfauen, Jupiter schlachtet Ihr Stiere, für Apoll tötet Ihr Schwäne, Venus bringt Ihr Tauben dar, Minerva opfert Ihr Eulen, Ceres weiht Ihr Mehl, Merkur spendet Ihr Honig, des Herkules Altar krönt Ihr mit Blättern der Pappel, den Tempel Cupidos schmückt Ihr mit Rosen. Wenn aber Armut über Euch kommt, so nehmen Eure Götter kein gemeinsames Opfer an und wollen keinen Tempel für alle, sondern ein jeder fordert von Euch gesonderte Opfer und Gaben: Jedem der Götter, die Ihr verehrt, sind Vögel

* Bestimmte Pflanzen und Tiere waren den einzelnen Gottheiten heilig, wurden mit ihrem Kult in Beziehung gebracht oder bei Opfern bevorzugt (Mars: Stier, Schwein, Schaf; Apoll: Eber, Schwan u.a.; der Lieblingsbaum des Herakles war die Pappel), nicht aber in der Ausschließlichkeit, wie das hier dargestellt wird.

oder Getreide, Vieh oder andere Dinge geweiht – darüber haben sie Macht, nicht über Euren Körper. Wie könnt Ihr nur sagen, über Euren Leib hätten Gewalt, die nur Gewalt haben über Tiere, die Ihr ihnen opfert? Fürwahr – Euch wird gerechter Lohn, gerechte Marter wird Euch nach Eurem Tod für Eure Vergehen. In Wirklichkeit ruft Ihr in den Göttern nicht Helfer herbei, sondern Schinder, die Eure Glieder in vielfältigen Foltern zerreißen. So viele Qualen müssen Eure Leiber erdulden, als Ihr Göttern Macht über sie zuschreibt. Ein Gott macht Euch huren, ein anderer fressen, ein anderer saufen, ein dritter streiten; alle beherrschen sie Euch, all ihnen dient und alle verehrt Ihr, indes Euer geschundener Leib dahinsiecht von so vielen Diensten, die Ihr so vielen Göttern erweist. Doch geschieht es Euch recht wegen der Schandtaten, die Ihr begeht, daß Ihr solchen Göttern dient, denn Ihr wollt von den Sünden nicht lassen – deshalb nun seid Ihr solchen Göttern ergeben. Grundlos nämlich frönt Ihr Göttern, die Euch gebieten, Übel zu tun. Wenn Euch nun diese Götter erhörten, wenn Ihr zu ihnen fleht, so tun sie Frevel mit Eurem Wissen; erhören sie Euch aber nicht, so stellen sie sich Euren Wünschen entgegen, fordert Ihr doch von ihnen nichts andres denn Frevel. Erhören sie Euch nun oder nicht – Schaden tun sie Euch immer. Das nun ist es, was Ihr Furien* nennt, Eure Göttinnen; sie ahnden die Sünden des Menschen nach seinem Tode voll Wut; das sind die Plagen, von denen Euch Eure Weisen sagen, sie quälten Euch schon in diesem Leben, als wäret Ihr tot. Nun denn, bedenkt wohl – Schlimmeres kann Euch in der Hölle nicht mehr geschehen, als Euch jetzt schon geschieht, und was Euch Eure Weisen als Bilder der Hölle malen, das seid Ihr selber. Martern gibt es in der Hölle, doch duldet Ihr jetzt schon Qualen, wenn Ihr wacht und auf Buhlschaft, Unzucht und Diebstahl sinnt. Tantalus*, heißt es, sei in der Hölle, der dürste und werde nie satt – diese Gier ist Euch eigen, wenn Ihr Reichtümer wollt und niemals befriedigt werdet. Zerberus, sagt Ihr, sei in der Hölle, der habe drei Köpfe. Wenn Ihr es recht betrachtet, so ist Euer Magen wie Zerberus vom

* Unterweltsgottheiten.

* Wurde verurteilt, in der Unterwelt ewig hungrig und durstig im Wasser unter Früchten zu stehen, die stets vor ihm zurückwichen, wenn er nach ihnen griff.

vielen Fressen und Saufen. Ähnlich erzählt man sich auch, eine Schlange sei in der Hölle, Hydra* geheißen: So kann man Euch Hydra nennen wegen der Laster, die Euch eignen durch Eure Leibesfülle. Und auch alles andre, was nach Euren Weisen in der Hölle haust, ist, betrachtet Ihr es recht, in Euch selbst wegen Eurer Schandtat. Weh über Euch Arme, die Ihr einem Glauben anhängt, für den Ihr nach Eurem Tode Qualen erdulden müßt.»

Da Alexander nun dieses Schreiben erhalten hatte, erzürnte er heftig über die Unbill, die hier seinen Göttern geschehen war; doch schrieb er einen Brief, in dem stand:

«Wir, Alexander, König der Könige, Sohn des Gottkönigs Ammon und der Königin Olympias, vermelden Dindimus und lassen ihm sagen: Wenn alles sich so verhält, wie Ihr schreibt, seid einzig Ihr auf dieser Welt treffliche Menschen und erlöst; denn Ihr behauptet, Ihr tätet kein Übel, fremd sei Euch, zu begehen, was doch der Menschennatur eigen ist – Sünde nennt Ihr all das, was wir treiben, verschreit als Vergehen alle Künste, die bei uns blühen, umstoßen wollt Ihr die Lebensweise, die den Menschen eignet bis zum heutigen

* In der Sage eine Schlange mit neun Köpfen.

Tage. Wie uns dünkt, glaubt Ihr entweder, selbst Götter zu sein, oder hegt doch Neid gegen sie, und deshalb redet Ihr so. Doch will ich nicht unterlassen, Euch über die Einrichtung Eures Lebens zu schreiben, soweit wir von hier aus es beurteilen können.

Da schreibt Ihr, Ihr pflügtet die Erde nicht, legtet keinen Samen hinein, setztet keine Reben und Bäume, noch bautet Ihr schöne Gebäude. Der Grund dafür ist offenbar: Ihr habt ja kein Eisen, mit dem nur könntet Ihr tun, was wir nannten. Weiterhin vermögt Ihr nicht Schiffe zu steuern, so bleibt Euch nichts übrig, als Euch von Kräutern zu nähren und ein elendes Leben zu führen wie das Vieh. Treiben es die Wölfe nicht ebenso? Wenn sie nicht Tiere reißen können, sie zu verschlingen, leben sie von der Erde, weil der Hunger sie quält. Wenn Ihr in unser Land kommen könntet, würden wir keine Weisheit finden in der Not, die Euch quält, sondern die Not bliebe in Eurem Reiche zurück. Hätten wir aber Euern Landstrich besiedelt, wären wir arm geblieben und geworden wie Ihr. Es ist nämlich nicht rühmlich, wenn der Mensch in Not lebt und Elend, sondern wenn er bescheiden bleibt in seinem Wohlstand. Doch sollte es löblich sein, wären einzig der Blinde und der Arme zu preisen: Der Blinde, weil er nicht sieht, wonach ihn verlangt, der Arme, weil er nichts hat, um etwas zu tun.

Ihr schreibt, Eure Weiber schmückten sich nicht, ja sie erachteten Schmuck gar für lästig. Dann sagt Ihr auch, Ehebruch und Hurerei seien Euch fremd. Ein Wunder wäre es doch, handeltet Ihr so aus eigenem Antrieb – vor Hunger nur müßt Ihr so tun, und deshalb erachten Eure Frauen Schmuck für lästig und schmücken sich nicht, deshalb nur bleibt Ihr keusch und ebenso auch Eure Weiber. Ihr schreibt nun fürwahr, Ihr wolltet nicht lernen, verlangtet kein Mitleid, noch trüget Ihr es gegen andre. Das habt Ihr gemein mit den Tieren – denen ist von Natur nicht gegeben, daß sie Wohltaten empfänden, so können sie sich auch nicht am Guten erfreuen. Wir Menschen jedoch sind vernunftbegabt, und unser Wollen ist frei; uns hat die Natur selbst zum Wohlleben viele Annehmlichkeiten verliehen. Undenkbar ist es nämlich, daß die so große Welt nicht ein gewisses Maß an Milde besäße, auf daß Freude folge auf Schmerz. Wie nämlich das menschliche Wollen mit dem wechselnden Wetter sich ändert, so ist auch des Menschen Stimmung verschieden – ist ein heiterer Tag, so sind Sinnen und Trachten voll Freude, ist der Tag aber finster, sind sie trübe. So wandelt sich auch das Denken des Menschen mit wechselndem Alter; so kommt es, daß das Kind sich der Unschuld erfreut, die Jugend des hochfahrenden Strebens, das Alter aber in Festigkeit verharrt. Wer denn könnte von einem Kind Schlauheit erwarten, von einem Jüngling Beständigkeit, Veränderlichkeit von einem Alten? Vielerlei gibt es, was geschaffen ist, daß wir es nutzen, was uns erquickt, indem wir es sehen, hören, riechen, fühlen und schmecken. Bald freuen wir uns am Springen, bald auch am Singen, an einem lieblichen Duft, einem süßen Geschmack, einer zarten Berührung. Uns allen werden zuteil die köstlichen Früchte der Erde, das muntre Gewimmel der Fische im Meer, das Schwirren der Vögel am Himmel – willst Du auf all das verzichten, müssen wir Dich für hochmütig halten, weil Du diese Geschenke verachtest, oder für mißgünstig, weil sie uns zugedacht scheinen, da wir edler sind, als Ihr seid. Dies ist meine Meinung, das sage ich Dir über Euer Leben und Eure Sitten – für töricht erachte ich sie eher denn für weise.»

Als Dindimus den Brief empfangen hatte, las er ihn und schickte Alexander sogleich ein Schreiben, in dem stand:

«Dindimus, Lehrer der Brahmanen, Alexander, dem König der Könige, zum Gruß. Nicht sind wir in dieser Welt zu Hause, als könnten wir ewig hier weilen, sondern sind Fremdlinge auf dieser Erde, denn wir sterben und gehen dahin zu den Wohnstätten unserer Väter. Unsere Schuld lastet nicht auf uns, wir hausen nicht in den Brutstätten der Sünde. Wir kennen nicht verstohlene Schliche, haben ein reines Gewissen und können uns unseres Betragens wegen allen zeigen. Wir behaupten nicht von uns, wir seien Götter, und tragen auch gegen Gott keinen Neid, sondern tun nur nicht, was gegen Gottes Gebot ist. Gott aber, der alles geschaffen auf dieser Welt, hat den Wandel des Daseins bewirkt, weil nichts auf der Erde Bestand haben könnte ohne die Unbeständigkeit vieler Dinge; er hat auch dem Menschen den freien Willen verliehen, daß er unterscheide in allem, was auf der Welt ist. Wer also das Schlechte läßt und das Bessere tut, der ist nicht Gott, wohl aber Freund Gottes. Wir nun leben gottgefällig und mäßig – deswegen meint Ihr, wir seien Götter oder hegten doch Neid gegen sie; der

Verdacht, den Ihr gegen uns habt, trifft doch Euch. Denn das unmäßige Glück, das Euch folgte, hat Euch aufgeblasen gemacht, daß Ihr vergessen habt, von Menschen geboren zu sein; so hüllt Ihr Euch in prachtvolle Kleidung, steckt Gold auf Eure Finger wie Weiber. So wißt denn: Wovon Ihr größer zu werden hofft, das ist für Euch ohne wirklichen Nutzen; Gold macht die Seelen nicht glücklich und den Körper des Menschen nicht satt – er wird eher verdorben.

Wir aber wissen um wahrhafte Demut und kennen das Wesen des Goldes; dürstet uns, so gehen wir zum Fluß, um Wasser zu trinken – das Gold in ihm treten wir mit Füßen. Gold nämlich vertreibt weder Hunger noch Durst, und keine Krankheit weicht des Goldes wegen vom Menschen. Dürstet den Menschen, und er trinkt Wasser, so schwindet der Durst; und ähnlich: leidet er an Hunger und ißt, so wird das Verlangen gestillt. Wäre das Gold nun von gleichem Wesen, so müßte, empfängt es der Mensch, seine Habgier befriedigt werden – doch nichts taugt das Gold, denn hat der Mensch nur ein wenig davon, so wächst seine Raffsucht. – Jeder verworfene Mensch ist bei Euch geehrt und geachtet, denn jedermann findet Gefallen an Freunden, die so sind wie er. Ihr behauptet, Gott trage nicht Sorge für die Sterblichen. Ihr baut Tempel zu Eurer Ehre, errichtet Altäre und freut Euch daran, wenn Ihr dort Opfertiere hinschlachtet und Euer Name gelobt wird: ‹Das geschieht für

deinen Vater, das für deinen Großvater und all deine Verwandten, das soll einst auch für dich geschehen.› Deswegen sage ich wahrlich: Ihr wißt nicht, was Ihr tut; uns aber, die wir das Rechte sehen, wollt Ihr ins Dunkel Eurer Blindheit führen und laßt uns nicht Euer Elend beklagen; doch keine größere Wohltat erweist jemand einem verlorenen Menschen, als wenn er um ihn trauert. Wer nicht erkennt, daß er sterblich ist, der wird so belohnt, wie Salomoneus* einst entgolten ward, der rechtens vom Blitzstrahl erschlagen wurde, weil er gleichen wollte der himmlischen Urkraft, oder wie Enkeladus*, der den Himmel gewaltsam mit Händen zu greifen versuchte. Deswegen liegt er im feuerspeienden Berge begraben, wie die Geschichten Eurer Weisen erzählen.»

Da Alexander den Brief gelesen hatte, setzte er sogleich ein Schreiben auf, in dem stand:

«Wir, Alexander, König der Könige, Sohn des Gottkönigs Ammon und der Königin Olympias, tun Dindimus kund und vermelden ihm: Glücklich nennt Ihr Euch nur, weil Ihr seit je einen Weltteil bewohnt, zu dem Fremdlinge keinen Zutritt haben und den Ihr selbst nicht verlassen könnt; abgeschlossen bleibt Ihr in jener Gegend, und weil Ihr Euer Land nicht zu verlassen vermögt, lobt Ihr es und behauptet, Mangel littet Ihr, doch nur aus Enthaltsamkeit. So sind nach Eurer Lehre seligzupreisen, die im Kerker schmachten, denn im Gefängnis führen sie ein Sträflingsleben bis ins hohe Alter; das entspricht doch genau Euren Lehren, und Euer Glück, wie Ihr es nennt, ist, wie gesagt, ähnlich der Pein derer im Kerker. Und wozu unser Gesetz Übeltäter verurteilt, das nehmt Ihr hin als natürlich. So kommt es, daß, wer bei Euch weise heißt, bei uns Verbrecher genannt wird; uns kommt es zu, über Euer Elend zu klagen und tief aufzuseufzen über Eure tiefe Verderbtheit. Was kann einen Menschen tiefer betrüben, als daß ihm verwehrt ist, in Freiheit zu leben? Gott wollte Euch nicht für die ewige Marter aufsparen, er verurteilte Euch, schon in diesem Leben große Not zu leiden. Wiewohl Ihr Euch selbst Weise nennt, wird Euch dafür Ruhm nicht

* Ein mythischer König Thessaliens, der sich Zeus nannte, Donner und Blitz künstlich nachahmte und dafür von Zeus durch einen Blitz zerschmettert wurde.

* Der stärkste Gigant, der gegen Zeus, Dionysos und Athene kämpfte; wurde vom Blitz des Zeus getötet; Athene warf die Insel Sizilien (oder auch: den Ätna) auf ihn.

zum Lohne. Euer Leben ist nicht Glück, sondern eher Strafe und Elend zu nennen.»

Unterdes befahl Alexander, an dieser Stelle eine Marmorsäule zu errichten, die war wunderbar groß, und er ließ in sie den Satz hauen: «Ich, Alexander, bin bis hierher gekommen.»

Drauf brach er mit seinem Heer auf und kam in eine Ebene, die heißt Actea*; dort schlug er das Lager auf. Rund um dieses Gefilde stand ein dichter Wald von Obstbäumen, von denen lebten die Wilden, die in dem Wald hausten. Da gab es Menschen mit Leibern, riesig wie die von Giganten, die waren in Pelzkleider gehüllt. Als sie dort Alexanders Heer das Lager aufschlagen sahen, stürzten sie sogleich in großer Schar mit langen Spießen in Händen aus dem Wald hervor und nahmen den Kampf auf gegen das Heer Alexanders. Da dieser nun die Seinen im Kampf mit ihnen ermatten sah, befahl er sogleich seinen Soldaten, sie sollten schreien mit lauter Stimme. So geschah es; und als die Soldaten alle ein lautes Geschrei erhoben, packte Schrecken die Wilden, denn menschliche Stimmen hatten sie noch niemals vernommen, und sie flohen verstreut in die

* Eine geographisch bestimmbare Gegend dürfte damit nicht gemeint sein, wie auch das Folgende Phantasieprodukt ist.

Wälder. Alexander jedoch und seine Soldaten verfolgten sie und töteten sechshundertvierunddreißig von ihnen. Von seinen Leuten fielen hundertsiebenundzwanzig. Sie blieben drei Tage dort und lebten von den Früchten der Bäume.

Drauf zog das Heer weiter, kam an einen Fluß und schlug dort

sein Lager auf. Als es nun auf die neunte Stunde ging, fiel über sie her ein wilder Mann, der war hochgewachsen und behaart wie ein Schwein. Da Alexander ihn sah, befahl er sogleich seinen Soldaten, ihn lebendig zu fangen und vor sich zu führen. Die Soldaten nun griffen ihn an, ihn zu fassen, doch war er furchtlos und floh nicht, sondern blieb ungerührt stehen. Da ließ Alexander ein Mädchen kommen und hieß sie entkleiden und zu ihm führen. Er aber fiel über das Mädchen her, packte sie und ging beiseite. Da befahl Alexander seinen Soldaten, sie ihm zu entreißen. Er brüllte wie ein wildes Tier, doch fingen sie ihn mit knapper Not und brachten ihn vor Alexander. Als er ihn gesehen hatte, verwunderte er sich seiner Gestalt, ließ ihn sogleich binden und im Feuer verbrennen. Und so geschah es.

Drauf zog das Heer weiter und kam an ein Diamantengebirge, an dessen Fuß hing eine goldene Kette, und zweitausendfünfhundert Stufen von Saphir führten hinauf, auf denen stieg man in das

Gebirge; dort schlug er sein Lager auf. Am anderen Tag opferte Alexander seinen Göttern, nahm einige seiner Fürsten mit sich und stieg die Stufen hinauf ins Gebirge. Dort entdeckte er einen Palast, der war ganz wunderbar: Seine Schwellen, Fenster und Hallen waren von Gold, und der Palast hieß «Haus der Sonne»; da war auch ein Tempel, der war ganz von Gold, und vor seiner Pforte wuchs ein goldener Weinstock, dran hingen Trauben von mancherlei Perlen. Alexander und seine Fürsten betraten nun den Palast und fanden dort einen Mann, der lag auf goldener Schlafstatt und war angetan mit goldgewirktem Gewande, der aß Weihrauch und trank Balsam. Und der Mann war hochgewachsen und sehr wohlgestalt, sein Bart und Haupthaar waren weiß wie Schnee, er trug ein seidenes Kleid. Da Alexander ihn erblickte, verehrte er ihn, und seine Fürsten taten es mit ihm. Der Greis aber sprach zu Alexander: «Verlangt euch etwa, die allerheiligsten Bäume der Sonne und des Mondes* zu sehen, die euch die Zukunft vorhersagen?» Da Alexander dies hörte, packte ihn große Freude, und er sprach zu dem Greis: «Ja, Herr, uns

* Ktesias (um die Wende vom 6. zum 5. Jahrhundert) berichtete von einem indischen Heiligtum der Sonne und des Mondes, auch über Bäume in Indien, die einen starken Wohlgeruch verströmten. Alexanders Aufenthalt in dem Heiligtum ist erfunden.

88

autem iussit principibus suis stare et ille posuit anulos et uestimenta et calciamenta una cum Ptolomeo et Antigono et Perdica. et secutus est eum.

Igitur ceperunt ambulare per ipsam siluam que erat inclausa intra maius edificium. erantque ipse arbores ex ipsa silua

verlangt, sie zu sehen.» Da gab jener zur Antwort und sprach: «Nur wenn du rein bist und auch deine Fürsten, wenn ihr nichts wißt vom Mann oder vom Weibe, ist es euch erlaubt, den Ort zu betreten, denn er ist den Göttern geweiht.» Alexander darauf: «Rein sind wir und haben keinen Mann und kein Weib noch erkannt.» Da erhob sich der Greis von der Schlafstatt, auf der er ruhte, und sprach zu ihnen: «Legt eure Ringe ab, eure Kleider und Schuhe, und folgt mir.» Alexander aber befahl seinen Fürsten zu bleiben, er legte Ringe, Kleider und Schuhe ab und Ptolemäus, Antigonus und Perdikkas mit ihm, und sie folgten dem Greis.

Dann schritten sie durch den Hain, der innerhalb des Gebäudes gelegen war, und die Bäume des Haines glichen Lorbeer- und Ölbäumen, und schweren Weihrauch- und Balsamduft strömten sie aus; hundert Fuß hoch waren die Bäume.

Drauf schritten sie weiter durch den Hain und erblickten in dem Hain einen hoch aufragenden Baum, der trug weder Blätter noch Früchte, und darauf saß ein großer Vogel*, dessen Haupt schmückte

* Der Wundervogel Phoenix soll die Gestalt eines Adlers haben und rotes und goldenes Gefieder tragen. Als seine Heimat werden Arabien und Indien genannt. Spät ist die Sage von der Selbstverbrennung und Wiedererstehung des Phoenix.

ein Busch wie das eines Pfaus, die Federn rings um den Hals waren buschig und leuchteten golden; am hinteren Teil war er purpurn, die Schwanzfedern rosenfarb und von schillerndem Glanz. Da Alexander ihn sah, verwunderte er sich sehr über seine Gestalt. Der Greis gab ihm zur Antwort: «Der Vogel, den ihr bestaunt, ist der Vogel Phoenix.»

Drauf schritten sie durch den Hain weiter und kamen zum Sonnen- und Mondbaum. Der Greis sprach zu ihm: «Nun blick empor, und was du fragen willst, bewege in deinem Herzen, doch sag es nicht laut.» Alexander sprach zu ihm: «In welcher Sprache aber geben die Bäume mir Antwort?» Der Greis erwiderte: «Der Sonnenbaum beginnt indisch zu sprechen und endet auf griechisch, der Mondbaum aber beginnt griechisch zu sprechen und endet auf indisch.» Da küßte Alexander die Bäume und bewegte in seinem Herzen, ob er sieghaft nach Makedonien, heim zu den Seinen, zurückkehren werde. Da gab der Sonnenbaum in indischer Sprache zur Antwort und sprach: «Meinen Namen hast du angerufen, Alexander! Herr wirst du des Erdenrunds sein, wirst aber Makedonien nie wiedersehen – so ist es dir vom Schicksal bestimmt.» Drauf sprach der Mondbaum: «Alexander, deine Zeit hat sich erfüllt, verraten wird dich der, von dem du es nimmer vermutest.» Drauf Alexander: «Sage mir doch, allerheiligster Baum: Wer soll mich verraten?» Da gab der Baum ihm zur Antwort: «Enthüllte ich dir, wer dich verraten soll, würdest du ihn ermorden, und was das Schicksal dir bestimmt, müßte sich ändern; die drei Schwestern aber, die die Schicksalsgöttinnen* sind (Klotho, Lachesis und Atropos), würden mir zürnen, weil ich aufhalten würde, was sie bestimmt haben. Doch sollst du nicht sterben durchs Schwert, wie du dir erhoffst, sondern durch Gift, und nur kurze Zeit noch wirst du Herr dieser Erde sein.» Da sprach der Greis, der ihn hergeführt hatte, zu ihm: «Alexander, behellige die Bäume nicht weiter mit Fragen – kehren wir um.» Da wandte sich der Greis um und ging, woher er gekommen, Alexander folgte ihm mit seinen Fürsten. Als sie zu dem Palast kamen, betrat der Greis ihn wieder. Alexander jedoch und die Fürsten stiegen auf den Stufen zum Lager hinab.

Am folgenden Tag brach das Heer auf und kam nach einem Marsch von fünfzehn Tagen in ein Land, das Prasiaka* heißt; dort schlug er sein Lager auf. Die Leute des Landes hörten von Alexanders Ankunft und brachten Geschenke zu ihm – Fischhäute, die ähnelten Pantherfellen, und Muränenhäute*, jede sechs Ellen lang.

In jenem Gebiet lag eine Stadt im Gebirge, aus behauenen Steinen ganz ohne Kalk gebaut. Dort herrschte eine verwitwete Frau, Kleophilis Kandakis* geheißen, die hatte drei Söhne, der erste Kandaulus mit Namen, der zweite Marsippus und der dritte Karator. Sogleich sandte ihr Alexander ein Schreiben, in dem stand:

«Alexander, König der Könige, Sohn des Gottkönigs Ammon und der Königin Olympias, Kleophilis Kandakis, der Königin der

* Die Moiren (Parzen). Klotho spinnt den Lebensfaden, Lachesis teilt das Lebenslos zu, Atropos (die Unabwendbare) durchschneidet den Faden.

* Ein Gebiet auf dem westlichen und südlichen Gangesufer, Land der Prasier, der «Östlichen».

* Die Muräne, ein in der Antike beliebter Seefisch, 1 bis 1½ m lang, ist schön gefärbt.

* Wurde mit der indischen Königin Kleophis gleichgesetzt, die in der Stadt Massaga von Alexander gefangen wurde. – Kandake ist kein Name, sondern der Titel der regierenden Königin von Meroë. Die Äthiopier verehrten besonders den Gott *Ammon*. In Äthiopien und Ägypten war es Brauch, die Götter in beweglichen Tempeln reisen zu lassen.

Meroër*, zum Gruß. Siehe, wir schicken Euch einen Tempel und ein Bild des Gottkönigs Ammon aus reinem Gold, daß Ihr kommt und wir ins Gebirge gehen, ihm Opfer zu bringen.» Da die Königin das Schreiben gelesen hatte, sandte sie Alexander ihre Boten mit Geschenken und einem Brief, in dem stand:

«Kleophilis Kandakis, Königin der Meroër, Alexander, dem König der Könige, zum Gruß. Wir wissen wohl, es ward Dir von Ammon, Deinem Gott, offenbart, Du würdest Ägypten besiegen, auch Persien und Indien unterwerfen und viele andere Völker. Du hast es erreicht, weil es Dir nicht von Ammon allein bestimmt war, sondern auch von allen anderen Göttern. Wir aber, die wir reine und lichte Seelen haben, anders als Ihr, wir brauchen nicht mit Ammon und seinem Tempel zu kommen und ihm im Gebirge zu opfern. Siehe, ich schicke Deinem Gott Ammon eine goldene Krone, geziert mit Edelstein – Perlen und Smaragden – und zehn Ketten mit Edelsteinen darin. Euch jedoch schicken wir hundert Zweibeiner, zweihundert Papageien, eingesperrt in zehn goldene Käfige, dazu dreißig goldene Schalen, tausendfünfhundert Stangen von Ebenholz, außerdem hundert äthiopische Knaben, zweihundert Affen, vierhundertfünfzig Elefanten, achtzig Nashörner, dreitausend

* Meroë ist eine Stadt am oberen Nil, liegt also nicht in Indien.

Panther und vierhundert Pardelfelle. Herzlich bitten wir Dich: Teilt uns doch mit, wenn Ihr die ganze Welt unterworfen habt.» Mit den Gesandten, die die Königin zu Alexander geschickt hatte, war auch ein sehr kunstfertiger Maler gekommen, der sollte Alexanders Gestalt sorglich betrachten und malen und das Bild der Königin bringen. Und so geschah es. – Die Gesandten der Kleophilis Kandakis kehrten zurück und brachten ihr, festgehalten auf Pergament, das Bild Alexanders. Als die Königin Kandakis es sah, war sie von tiefer Freude erfüllt, und sie verlangte danach, ihn wirklich zu sehen.

Bald darauf zog einer der Söhne der Königin Kandakis, Kandaulus mit Namen, mit seinem Weib und wenigen Getreuen zum Tor hinaus und wollte ausreiten. Doch der König der Bebryker* kannte die Schönheit der Frau des Kandaulus, fiel mit einer großen Zahl von Feinden über ihn her, tötete viele seiner Getreuen und nahm seine Frau mit sich. Kandaulus floh und zog mit nur wenigen seiner

* Ein Volk in Bithynien (in Kleinasien).

Getreuen zu Alexanders Lager, daß der ihm Hilfe gewähre. Die Lagerwachen ergriffen ihn und brachten ihn vor Ptolemäus, der der Zweite war nach Alexander. Ptolemäus wandte sich an ihn: «Wer bist du?» Und er gab zur Antwort: «Ein Sohn der Kleophilis Kandakis.» Ptolemäus darauf: «Warum bist du hierhergekommen?» Und Kandaulus berichtete ihm, was ihm der König der Bebryker angetan und wie er sein Weib entführt hatte.

Da Ptolemäus dieses vernommen, hieß er den jungen Mann warten, er selbst aber verließ sein Zelt und ging zu dem, wo Alexander schlief: Es war nämlich schon finstere Nacht. Ptolemäus trat also ein, weckte ihn auf und erzählte ihm der Reihe nach, was er von Kandaulus vernommen. Da Alexander dies hörte, sprach er zu ihm: «Geh in dein Zelt zurück, setz die Krone aufs Haupt, setz dich auf den Königsthron, laß den jungen Mann vor dich treten und sprich zu ihm: ‹Ich bin Alexander›, und befiehl einem Diener, Antigonus als einen deiner Männer kommen zu lassen: Der Soldat aber muß mich als Antigonus zu dir holen. Wenn ich nun vor dich trete, so berichte mir in des jungen Mannes Gegenwart alles, was er dir erzählt hat, und frage mich dann unter dem Namen Antigonus, ich möge dir raten, was du jetzt unternehmen solltest.» Und so geschah es. Ptolemäus ging los und tat alles, wie ihn Alexander geheißen, fragte auch Alexander als Antigonus, was nun zu tun sei. Ihm nun gab Alexander im Beisein des Kandaulus zur Antwort: «Großmächtiger Kaiser! Wenn es Eurer Hoheit gefällt, so ziehe ich mit dem Jüngling, falle zu nachtschlafender Zeit über die Stadt her, und geben sie ihm nicht sein Weib zurück, so brenne ich ihre Stadt nieder.» Da nun Kandaulus dies hörte, warf er sich vor Alexander auf die Knie und sprach zu ihm: «O du außerordentlich kluger Antigonus, es ziemte dir wohl, du wärest der Kaiser Alexander.»

Alexander brach mit Kandaulus auf, und in der dritten Stunde der Nacht kamen sie über die Stadt. Deren Bewohner schreckten aus dem Schlaf hoch und schrien alle. Die Soldaten Alexanders aber riefen ihnen zu: «Kandaulus steht hier mit vielen Feinden und ist gekommen, daß ihr ihm sein Weib herausgebt, wenn nicht, setzen wir eure Stadt in Brand.» Die Bewohner der Stadt vernahmen dies, und sogleich brachen sie die Tore des Palastes auf, schleppten des Kandaulus Weib gewaltsam hinweg und gaben es ihm zurück.

Da erwies Kandaulus Alexander seine Verehrung und sprach zu ihm: «Bester Antigonus, herzlich, mein Lieber, bitte ich dich:

Komme doch mit mir zu meiner Mutter, daß sie dich würdig belohne für das, was du mir getan, und dich dazu noch königlich beschenke.» Da Alexander dies hörte, freute er sich aus tiefster Seele, weil er selbst wünschte, die Königin Kandakis und ihre Stadt zu sehen, und er sprach zu Kandaulus: «Gehen wir zum Kaiser Alexander: Erbittest du mich von ihm, so komme ich mit dir.» Und so geschah es. Alexander erhielt Urlaub und zog los mit Kandaulus.

Da sie aber zusammen den Weg dahinzogen, kamen sie zu dem hohen Didalus-Gebirge, das reichte bis an die Wolken, und hochragende Bäume wuchsen dort auf den Bergen, die ähnelten Zedern und trugen große Früchte. Da Alexander diese erblickte, verwunderte er sich tief. Er sah dort auch Weinstöcke, die trugen riesige Trauben, die konnte ein Mann allein nicht tragen, und Nußbäume standen dort, die trugen Früchte groß wie Melonen, und auf den Bäumen sah man Schlangen und Affen die Menge.

Darauf zogen sie weiter und kamen zur Stadt der Königin Kleophilis Kandakis. Als der Königin nun zu Ohren kam, ihr Sohn Kandaulus kehre mit seinem Weib wohlbehalten zurück und ein Bote des Kaisers Alexander komme mit ihm, da freute sie sich aus tiefster Seele. Sie legte königliche Gewänder an, setzte eine goldene Krone, mit Edelsteinen geschmückt, auf ihr Haupt und schritt ihm mit den

Großen des Reichs bis an die Stufen des Palastes entgegen. Die Königin war aber wunderschön. Da Alexander sie erblickte, meinte er, seine Mutter zu sehen. Der Palast der Kandakis war prachtvoll, und das Dach des Palastes erstrahlte herrlich von Gold.

Alexander nun stieg mit Kandaulus zum Palast hinauf und trat in den Speisesaal ein, wo Polster waren von reinstem Golde, und der

Raum war ganz mit Gold geziert, das Lager von Onyx, Tische und Bänke von Elfenbein, die Becher alle von Edelsteinen – Smaragden und Amethysten –, die Säulen des Raumes aber waren von Porphyr, darein waren Sichelwagen gehauen und Menschen, die schienen zu laufen, auch Elefanten waren hineingemeißelt, wie sie Menschen mit ihren Füßen zertraten. Unter diesem Palast aber rauschte ein lieblicher Fluß, dessen Wasser schimmerte klar wie Gold. An diesem Tage nun speiste Alexander mit der Königin und ihren Söhnen.

Am folgenden Tag aber nahm die Königin Alexander bei der Rechten und betrat allein mit ihm ein Schlafgemach, das war ganz mit Gold verkleidet und mit Edelsteinen und mancherlei Perlen geziert, und das Lager in dem Gemach war von Edelsteinen und erstrahlte von innen wie das Leuchten der Sonne. Drauf trat sie mit ihm in ein anderes Gemach von Zedernholz, Hölzern, die sich durch Feuer nicht entzünden, und darauf trat sie mit ihm in ein anderes Gemach, das war von Buchsbaum-, Zypressen- und Ebenholz und ruhte kunstsinnig erdacht auf Rädern; zwanzig Elefanten zogen es. Als nun die Königin Kandakis mit Alexander den Raum betreten hatte, bewegte sich das Gemach und begann zu fahren. Alexander geriet darob in Erstaunen und verwunderte sich tief; zu

der Königin sprach er: «Das wäre wohl staunenswert, wenn es bei den Griechen wäre.» Die Königin gab zur Antwort: «Vernünftig sprichst du, Alexander! Besser würde es zu den Griechen passen denn zu uns.» In dem Augenblick nun, da Alexander seinen Namen hörte, war er tief bestürzt, und sein Antlitz verzerrte sich. Zu ihm sprach die Königin: «Hat sich, weil ich dich beim Namen genannt, dein Gesicht so verändert?» Antwortete Alexander: «Herrin, Antigonus bin ich geheißen, nicht Alexander.» Darauf die Königin: «Ich will dir sogleich beweisen, daß du Alexander bist.» So sprach sie, nahm ihn bei der Rechten, führte ihn in ein anderes Gemach, wies ihm sein Bild, auf Pergament festgehalten, und sprach zu ihm: «Alexander, erkennst du dieses Bild?» Da Alexander es erblickte, ward er blaß und begann zu beben. Da sprach die Königin zu ihm: «Was wechselst du denn die Farbe, was packt dich Entsetzen? Zerstörer der ganzen Welt, Vernichter Persiens und Indiens, der du Parther und Baktrier überwunden! Ohne Menschenmord, ohne Kampf bist du in der Königin Kleophilis Kandakis Hände gefallen. So wisse denn, Alexander: Niemals soll sich des Menschen Sinn wegen des Glücks, das ihm zugefallen ist, überheben, nie soll ein Mensch in seinem Herzen meinen, er fände keinen Menschen, der ihn übertreffe – sei es an Weisheit, sei es an Kühnheit.» Da nun Alexander dieses vernahm, knirschte er mit den Zähnen und warf sein Haupt hin und her. Da sagte die Königin zu ihm: «Was packt dich Verstörung und Zorn wider dich selber? Was vermögen denn nun kaiserlicher Ruhm und deine Kühnheit?» Alexander darauf: «Erbittert bin ich, daß ich kein Schwert bei mir habe.» Die Königin sprach: «Und hättest du auch ein Schwert – was könntest du tun?» Alexander antwortete: «Weil ich dir ausgeliefert bin durch meine eigene Schuld, würde ich dich erst erschlagen und darauf mich selber.» Drauf sie zu ihm: «Hast du, was du gesprochen, als weiser Herrscher gesagt? Doch sei unbesorgt: Weil du geholfen hast und meines Sohnes Kandaulus Weib aus den Händen des Bebrykerkönigs befreitest, so will auch ich dich aus der Barbaren Händen reißen; denn dies wisse fürwahr: Käme deine Ankunft ihnen zu Ohren, erschlügen sie dich, wie du den Inderkönig Porus erschlagen – denn das Weib meines Sohnes Karator ist die Tochter des Porus.»

So sprach sie, nahm ihn bei der Rechten und führte ihn hinaus in das Tafelzimmer; dort sprach sie zu ihren Söhnen: «Liebste Söhne, wir wollen Alexanders Boten unser Wohlwollen erweisen und ihn königlich beschenken wegen der edlen Gesinnung, die er gegen uns gezeigt hat.» Da gab Karator, ihr jüngster Sohn, ihr zur Antwort und sprach: «Mutter, wahr ist es, daß ihn Alexander geschickt, daß er meines Bruders Weib aus den Händen unserer Feinde gerissen und unseren Bruder mit seinem Weib wohlbehalten zu uns gebracht hat; mein Weib aber dringt in mich, Antigonus hier an Alexanders Stelle zu töten und diesen so Schmerz fühlen zu lassen dafür, daß er ihren Vater Porus getötet.» Die Königin darauf: «Und in welchen Ruf kommen wir, mein Sohn, wenn wir ihn, dem wir sicheres Geleit zugesagt, töten?» Kandaulus aber, als er das alles hörte, packte heftiger Zorn, und er sprach: «Mich hat er gerettet, hat mir mein Weib wiedergegeben und mich wohlbehalten hierhergebracht – wohlbehalten werde ich ihn zurückbringen zum Lager seines Kaisers.» Ihm gab Karator zur Antwort: «Wie sprichst du denn, Bruder? Willst du, daß wir uns auf der Stelle gegenseitig töten?» Kandaulus darauf: «Ich will es nicht, Bruder, doch verlangt dich danach, so bin ich bereit.»

Als nun die Königin Kandakis inne ward, ihre Söhne wollten einander erschlagen, fiel sie in tiefe Betrübnis, griff Alexander bei seiner Rechten, nahm ihn beiseite und sprach zu ihm: «König Alex-

ander, was erweist du nicht jetzt deine Weisheit, damit sich meine Söhne nicht um deinetwillen erschlagen?» Alexander darauf: «Laß mich zu ihnen gehen und mit ihnen sprechen.» Sie entließ ihn sogleich. Alexander also ging zu ihnen und sprach zu Karator: «Wenn du mich hier ermordest, wirst du keinerlei Ruhm erwerben, denn Kaiser Alexander hat viele Fürsten, die sind tüchtiger, als ich bin; so wird ihn mein Tod nicht schmerzen. Willst du aber, ich soll den Mörder deines Schwähers in deine Gewalt geben, so schwört, mir zu geben, was ich verlange – dann schwöre ich auch, daß ich euch Alexander hierher in euren Palast bringe.» Und so geschah es. Da nun Karator dies vernahm, ward er froh und schenkte ihm Glauben; die Brüder versöhnten sich miteinander und sagten ihm zu, alles genauso zu machen, wie er es verlangte.

Darauf rief die Königin Kandakis Alexander wieder im geheimen zu sich und sprach zu ihm: «Glücklich wäre ich, könnte ich dich täglich vor Augen haben wie einen meiner eigenen Söhne, daß ich durch dich all meine Feinde bezwinge.» So sprach sie und überreichte ihm königliche Geschenke: eine goldene Krone mit kostbaren Diamanten geschmückt, dazu einen goldgewebten Kaisermantel, der war mit Edelsteinen wie mit Sternen geziert, und sie ließ ihn heimkehren.

Alexander zog also mit Kandaulus von dannen, und als sie eine

Tagesreise marschiert waren, kamen sie an eine große Höhle; dort schlugen sie ihr Lager auf. Da sagte Kandaulus zu Alexander: «In der Grotte*, die du da siehst, speisen gemeinsam die Götter.» Da Alexander dies hörte, brachte er seinen Göttern allsogleich Opfer dar und betrat alleine die Grotte. Dort sah er dichte Nebeldämpfe, und zwischen den Dunstwolken erblickte er leuchtende Sterne und Göttererscheinungen, und unter den Göttern ruhte ein gewaltiger Gott, der hatte Augen, die strahlten wie Lichter. Da Alexander ihn sah, geriet er, in Furcht und Schrecken gesetzt, in Verzückung. Da sprach zu ihm jener gewaltige Gott: «Sei gegrüßt, Alexander.» Drauf

Alexander zu ihm: «Wer bist du, Herr?» Und jener: «Ich bin Sesonchosis*, der die Erde beherrscht, dem die Welt untertan ist, der dir alle Menschen unterwarf. Und doch wird mein Name auf der Welt nicht geehrt wie der deine, der du eine Stadt gegründet und nach dir benannt hast. Dennoch geh weiter hinein.» Da schritt Alexander weiter und sah eine andere Dunstwolke, und ein Gott saß auf einem Königsthron; zu dem sprach Alexander: «Wer bist du, Herr?» Und jener darauf: «Ich bin der Urvater aller Götter. Im libyschen Lande

* Es sind wohl die Felsengräber der Könige am oberen Nil gemeint.

* Sesonchosis I. (Scheschonk), 1. König der 21. Dynastie im 10. Jahrhundert v. u. Z.

habe ich dich gesehen; und nun sehe ich dich hier.»* Und Alexander sprach: «Bitte, Serapis, sage mir doch, wie viele Jahre ich noch leben werde.» Serapis sprach: «Was du mich da fragst, verlangtest du schon einmal von mir zu wissen, kein Sterblicher aber darf das erfahren, denn wäre dem Menschen der Tag seines Todes bekannt, so würde solche Trübsal über ihn kommen, als ob er Tag für Tag stürbe. Eine mächtige Stadt hast du gegründet, die soll bleiben in alle Ewigkeit, doch werden viele Herrscher sie nehmen. Dort auch wird deine Grabstatt errichtet werden, und dort soll dein Leib ruhen.» Alexander ging hinaus, nahm von Kandaulus Abschied und kehrte zum Lager zurück.

Am folgenden Tag zog das Heer weiter und kam in ein Tal, das war voll großer Schlangen, die trugen auf den Häuptern sehr große Smaragden. Diese Schlangen leben von Pflanzensaft und weißem Pfeffer, der in dem Tale wächst; Jahr um Jahr kämpfen sie miteinander, wobei viele von ihnen verenden.

Drauf zog das Heer weiter und kam in eine Gegend, dort lebten Untiere mit zwei Hufen am Fuß wie Schweine; diese Hufe waren drei Fuß breit, und damit schlugen sie nach Alexanders Soldaten aus. Diese Tiere hatten auch Köpfe wie Schweine, Schwänze aber

* Die Begegnung mit Serapis fand früher statt, auf dem Ägyptenfeldzug.

wie Löwen. Unter ihnen waren auch Greife, die hieben mit großer Schnelligkeit in der Soldaten Gesichter.

Alexander eilte bald hier-, bald dorthin und machte seinen Soldaten Mut, auszuharren und sich mit Pfeilen und Spießen mannhaft zu wehren.

Und so geschah es. Und dennoch fielen in diesem Kampf zweihundertacht Soldaten Alexanders.

Drauf zog das Heer weiter und kam an einen gewaltigen Strom, der war etwa zwanzig Stadien breit, das sind zweieinhalb Meilen, und das Flußufer war mit Röhricht bewachsen, das war sehr hoch und dick. Da Alexander es sah, hieß er seine Soldaten aus dem Schilf Boote machen und über den Fluß setzen. Und so geschah es. Alexander und sein Heer setzten über den Fluß. Die Menschen dieses Landes aber hörten von Alexanders Ankunft und brachten ihm Geschenke dar: weiße und purpurne Schwämme von erstaunlicher

Größe, dazu Meermuscheln, deren jede faßte zwei bis drei halbe Liter, Häute von Meerkälbern, auch Würmer, die sie aus dem Fluß holten, die waren dicker denn eines Menschen Hüfte, und ihr Geschmack war lieblicher als der aller Fische. Sie brachten ihm auch gewaltige rote Schwämme und Muränen, die sie im Ozean fingen, in dessen Nähe sie wohnten; von diesen Muränen wog jede zweihundertfünfzig Pfund.

In diesem Fluß schwammen auch wunderschöne Frauen, die hatten dichtes Haar, lang bis zu den Knöcheln. Wenn diese Weiber fremde Männer in dem Flusse schwimmen sahen, fielen sie über sie

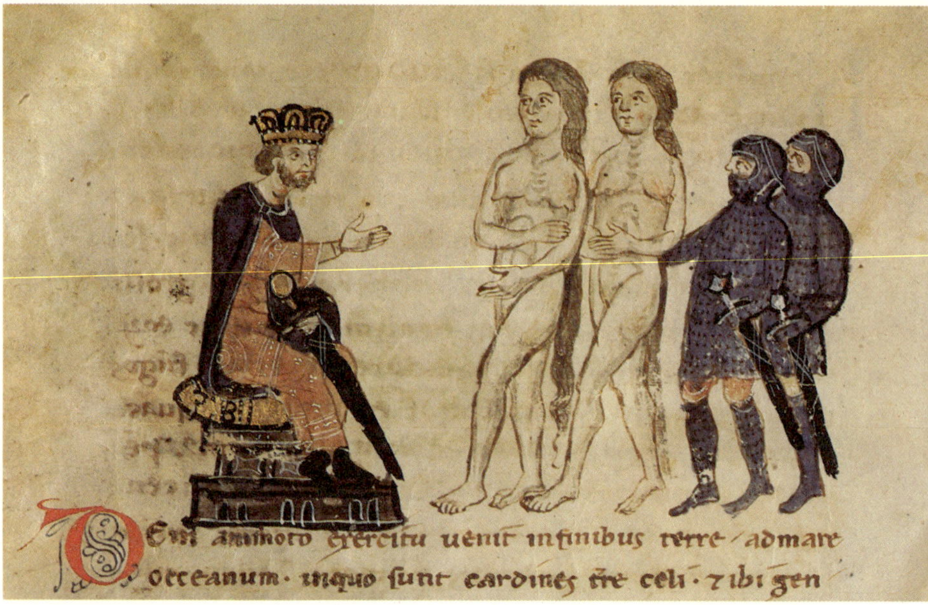

her, ertränkten sie oder zogen sie mit sich in das Röhricht; dort mußten die sie so lange beschlafen, bis sie ihr Leben aushauchten. Die Makedonier setzten ihnen nach und fingen zwei von ihnen; sie waren weiß wie Schnee; zehn Fuß groß waren sie und hatten Hundezähne.

Drauf zog das Heer weiter und kam zum Ende der Welt, an den Ozean, wo die Himmelspole sind. Dort unterwarf er die Gesoner und Siber, die Herkules angesiedelt hatte.

Dann zog er am Ufer des Ozeans weiter. Und er kam zu einer Insel in diesem Meer, drauf hörten sie die Menschen griechisch reden, und sogleich befahl Alexander seinen Soldaten, einige sollten nackt ins Wasser gehen, um zu der Insel zu schwimmen. So legten einige Makedonier ihre Kleider ab und stiegen mit Schwertern in Händen ins Wasser; da kamen vom Meeresgrund riesige Krebse empor, ergriffen die Makedonier und zogen sie in die Tiefe des Meeres hinab.

Drauf brach das Heer auf und zog das Ufer des Ozeans entlang gegen die Wintersonnenwende*, und er kam zu den Mardern* und

* Nach Norden.

* Ein Volk an der Südküste des Kaspischen Meeres.

den Subagrern. Diese Völkerschaften zogen ihm mit achtzigtausend Mann Fußvolk und sechzigtausend Reitern zum Kampf entgegen, und da es zur Schlacht kam, kamen auf beiden Seiten sehr viele ums Leben. Schließlich errangen Alexander und die Makedonier mit großer Mühe und knapper Not den Sieg, erschlugen viele von ihren

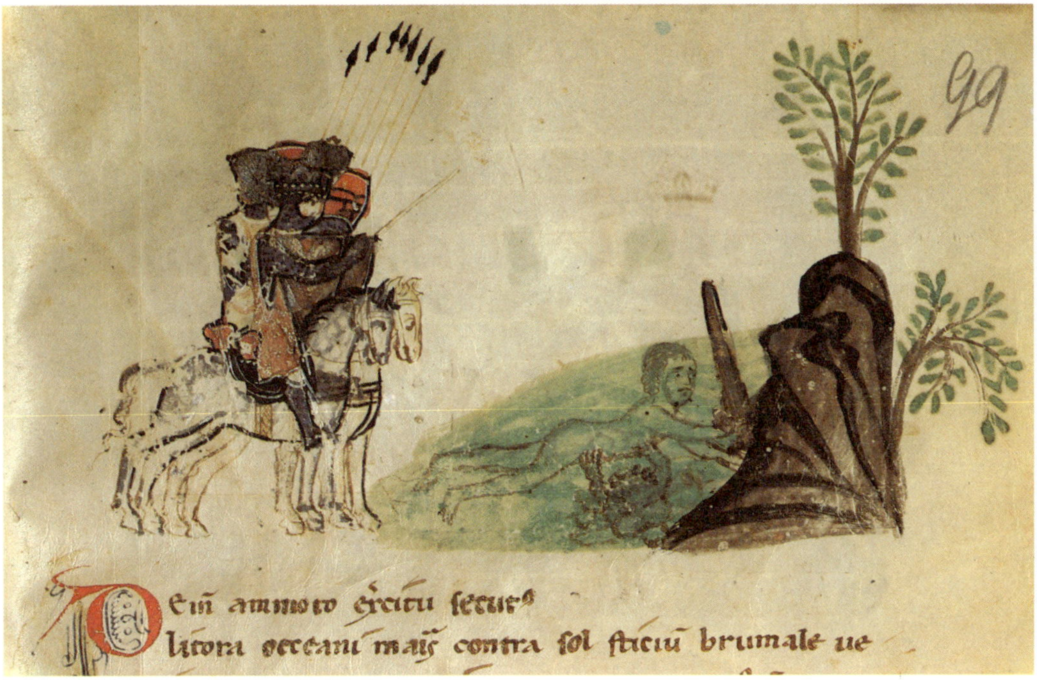

Feinden oder nahmen sie gefangen; auch ihr König, Kalanus* mit Namen, geriet in Gefangenschaft. Als dieser nun auf dem Scheiterhaufen stand, fragte ihn Alexander lachend und sprach, ob er etwas wolle oder verlange. Da gab ihm der Inder zur Antwort und sagte: «Bald werde ich dich wiedersehen.» Und so geschah es; denn Alexander hat ihn nicht lange überlebt.

Nun führte Alexander das Heer zur Hauptstadt des Kalanus, erklomm als erster die Mauer der Stadt und sprang, da er sie verlassen glaubte, allein hinein. Da umstellten ihn die Einwohner der Stadt von allen Seiten; doch schreckte ihn nicht die Menge derer, die

* Ein brahmanischer Weiser, rigoroser als Dindimus/Dandamis; begleitete Alexander nach Persien, erkrankte und verbrannte sich selbst.

ihn umringten, noch ihre Waffen und ihr Geschrei; sondern alleine erschlug er Tausende oder jagte sie in die Flucht. Als er sich aber von vielen umzingelt sah, schlug er sich zur Mauer durch, damit die Feinde ihn nur von vorn angreifen konnten, und er hielt ihnen so lange stand, bis sein Heer in die Stadt eingedrungen war. Als aber in diesem Kampf schließlich ein Pfeil seine Brust durchbohrte, kämpfte er standhaft, bis er den erschlug, der ihn verwundet hatte.

Drauf zog das Heer weiter und kam an eine dem Festland nahe

gelegene Insel, darauf stand eine Stadt, deren König Ambira hieß; diese Stadt griff er an. Da verlor er einen großen Teil seines Heeres durch der Feinde Pfeile, die waren mit Gift bestrichen. In der gleichen Nacht nun erschien ihm im Traum Gott Ammon in der Gestalt des Merkur, zeigte ihm ein Kraut und sprach: «Alexander, mein

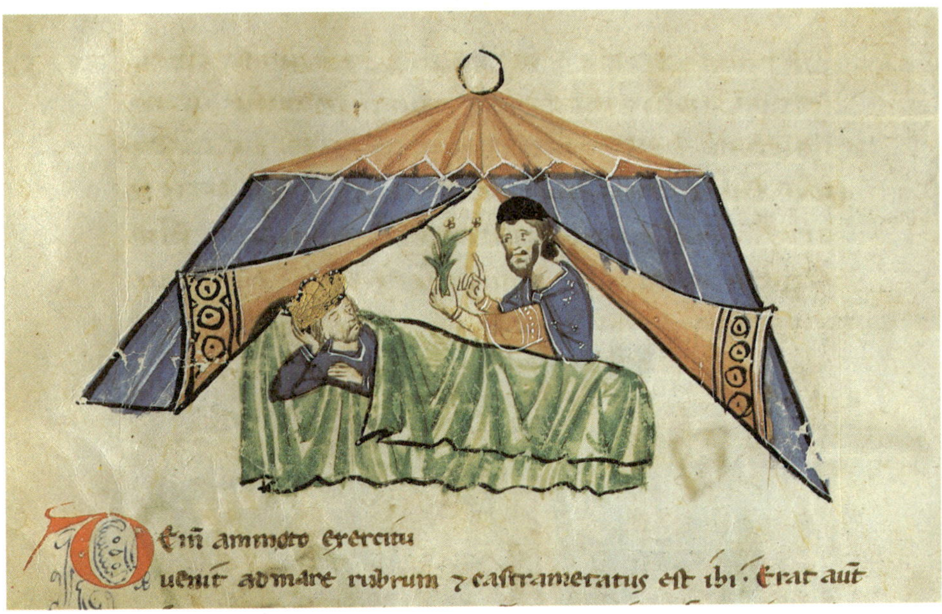

Sohn, bereite aus diesem Kraut einen Trank und gib ihn deinen Verwundeten, so wird ihnen das Gift nicht schaden.» Und sogleich sprang Alexander auf, fand das Kraut, preßte es aus und brachte den Saft den Verwundeten; da schadete ihnen das Gift nicht. Dann griff er die Stadt wieder an, nahm sie und machte sie dem Erdboden gleich.

Sie kamen ans Rote Meer und schlugen dort das Lager auf. Dort ragte ein sehr hoher Berg, den erklomm Alexander, und es schien ihm, er wäre im Himmel. Da dachte er in seinem Herzen, eine sinnreiche Maschine zu bauen, in der ihn Greife zum Himmel emportragen könnten, daß er erkunde, was es dort gibt. Sogleich stieg er den Berg hinab, ließ Werkmeister kommen und hieß sie einen Wagen bauen und ihn mit Eisengittern umgeben, daß er darin sicher sitzen könne.

Drauf ließ er Greife holen, sie mit eisernen Ketten an den Wagen schirren und an die Spitze des Wagens ihr Futter legen und

Schwämme und Gefäße voll Wasser vor ihre Nasen. Da hoben ihn die Greife zum Himmel empor. Alexander aber hatte bei sich ein Gefäß voll Wasser und einen Schwamm, woran er öfters roch. In solche Höhe nun flogen die Greife, daß Alexander der Erdkreis wie eine Tenne erschien, wo das Getreide aufbewahrt wird; das Meer aber schien ihm um das Festland gewunden wie eine Schlange. Doch plötzlich umhüllte die göttliche Kraft die Greife und stieß sie zur Erde hinab, auf ein ebenes Feld, zehn Tagemärsche von seinem Heer entfernt; doch erlitt Alexander in den Eisengittern keine Verletzungen. Und nach großen Anstrengungen stieß er wieder zu seinen Soldaten. Da die ihn sahen, schrien sie alle wie mit einer Stimme und priesen ihn wie einen Gott.

Drauf wuchs in seinem Herzen der Wunsch, die Meerestiefe zu erkunden und zu sehen, welche Tierarten es dort gäbe. Da hieß er Glasmacher zu sich kommen und befahl ihnen, ein Faß aus kristallklarem Glas zu machen, daß er von innen alles draußen deutlich sehen könne. Und so geschah es. Drauf ließ er es an Eisenketten schmieden und die stärksten Soldaten es halten; er selbst stieg hinein und tauchte in die Meerestiefe hinab. Dort sah er Fische von vielerlei Gestalt und mannigfacher Färbung, aber auch Wesen, die den Tieren des Festlandes glichen und mit den Füßen auf dem Mee-

resboden liefen wie Tiere auf dem Lande; sie fraßen die Früchte der Bäume, die in der Tiefe der See wachsen. Diese Tiere dort kamen zu ihm heran und flohen ihn wieder. Er sah dort auch andere wunderbare Dinge, doch wollte er niemandem davon sprechen, weil sie Menschen unglaublich waren.

Drauf zog das Heer weiter, folgte den Gestaden des Roten Meeres und schlug das Lager an einem Ort auf, wo wilde Tiere hausten. Diese hatten am Kopf Knochen von Eisen, scharf wie ein Schwert: Damit fielen sie die Soldaten Alexanders an und durchbohrten ihre Schilde. Schließlich wurden achttausendvierhundertfünfzig von ihnen erschlagen.

Drauf zog das Heer weiter und kam in eine wüste Gegend, dort wuchs Pfeffer die Menge. Und wunderbar große Schlangen waren dort mit Hörnern am Kopf wie bei ausgewachsenen Widdern, sie fielen die Soldaten Alexanders an, und die waren sogleich tot. Aber dennoch erschlugen die Makedonier den größten Teil von ihnen.

Drauf zog das Heer weiter und schlug das Lager an einem Ort auf, wo viele Kynokephalen* hausten, die hatten Köpfe wie Pferde und

* «Hundsköpfige»; gemeint sind wohl Hundsaffen.

riesige Leiber mit unmäßig großen Zähnen; aus ihren Mäulern schossen Flammen hervor. Als sie das Heer Alexanders dort ein Lager aufschlagen sahen, fielen sie es an. Alexander aber eilte bald hier-, bald dorthin, sprach seinen Soldaten Mut zu, damit sie in diesem Kampfe nicht wichen; und sie kämpften mannhaft mit ihnen. Dennoch starben viele von Alexanders Soldaten; von den Kynokephalen aber wurde eine riesige Menge erschlagen; die übrigen, die überlebten, flüchteten sich, auseinandergejagt, in die Wälder.

Drauf zog das Heer weiter und kam an einen Fluß, durchquerte ihn und schlug dort sein Lager auf. Und sogleich krochen aus der Erde Ameisen hervor, groß wie kleine Hunde, die hatten sechs Beine, Fühler wie Meerkrebse, Zähne größer, als Hunde haben, und waren von schwarzer Farbe. Wie sie nun aus der Erde hervorkrochen, töteten sie viele Tiere, die zum Heere gehörten. Diese Ameisen graben unter der Erde Gold und bringen es ans Licht empor. Stoßen sie auf Menschen oder Tiere, so verschlingen sie sie. Sie laufen nämlich so schnell, daß man glaubt, sie flögen. Die ganze Nacht bis zur fünften Tagesstunde sind sie unter der Erde und graben nach Gold; von der fünften Stunde aber bis zum Sonnenuntergang sind sie auf der Erde.

Drauf zog das Heer weiter und kam in ein großes Tal und schlug dort sein Lager auf. Und sogleich kamen von den Bergen Zyklopen* herab und fielen mit lautem Brummen über Alexanders Lager her. Diese Zyklopen nun hatten Leiber groß wie Giganten, riesige Kraft und gewaltige Stimmen; an der Stirn trugen sie ein Auge. Da Alexander sie erblickt hatte, sprach er seinen Soldaten Mut zu, daß sie in

* Einäugige Riesen, wurden bisweilen für ein Volk Indiens gehalten.

diesem Kampf nicht wichen; und er selbst kämpfte mannhaft mit ihnen. Endlich, nach großer Mühsal und Gefahr, besiegten Alexander und die Makedonier die Zyklopen.

Drauf zog das Heer weiter und kam an einen Fluß, in dem lag

eine Insel, dort wohnten Menschen ohne Köpfe; die Augen und den Mund hatten sie auf der Brust; sie waren zwölf Fuß groß und sieben Fuß breit und dick; sie waren goldfarben.

Drauf zogen sie weiter durch den Wald und stießen auf Tiere wie Pferde, die hatten Löwenpranken; sie waren dreißig Fuß lang und zwölf Fuß dick.

Drauf zogen sie weiter und stießen auf Menschen mit Schenkeln, zwölf Fuß lang, der übrige Leib aber war sechs Fuß groß; sie hatten weiße Arme bis zu den Oberschenkeln, ihre Hüften und Unterschenkel waren schwarz, ihre Füße rot, der Kopf rund und groß, die Nasen lang.

Drauf zog das Heer weiter, kam in eine Ebene und schlug dort ein Lager auf. In diesem Gefilde verweilte er einige Tage, denn sein Pferd, Bukephalus mit Namen, ward siech und starb* auch an seiner Krankheit. Als Alexander es tot liegen sah, packten ihn Gram und heftiger Schmerz und Klagen, denn dieses Pferd hatte in den Schlachten große Verdienste erworben, und durch diese Verdienste hatte das Pferd Alexander stets dank seiner Stärke in den heftigsten

* Das Pferd starb im Jahre 326 an Altersschwäche in Vorderindien an der Stelle, wo Alexander noch im gleichen Jahr die Stadt Bukephala gründete.

Kämpfen bewahrt, es hatte auch keinen Menschen als Alexander tragen wollen. Deshalb ließ ihm Alexander, da es gestorben, eine Leichenfeier rüsten, ein Grab bereiten und über dem Grab ein Denkmal von erstaunlicher Größe aufführen, ja er gründete gar eine Stadt und nannte sie dem Pferd zum Gedenken Bukephala.

Drauf zog das Heer weiter und kam zu einem Fluß, der hieß Sol. Die Menschen dieses Landes zogen ihm entgegen und brachten ihm fünftausend Elefanten und hunderttausend Sichelwagen.

Drauf zog das Heer weiter und kam zum Palast des Königs Xerxes, da fand er Gemächer, gar wunderbar zu schauen. Und in dem Palast waren Vögel, groß und weiß wie Tauben, die sagten kranken Menschen voraus, ob sie weiterlebten oder stürben, nämlich so: Wenn sie dem Kranken ins Angesicht blickten, erholte er sich von der Krankheit, wenn sie ihn aber nicht anblicken wollten, so erlag dieser gewiß seinem Leiden.

Drauf zog das Heer weiter und kam ins Land Babylon, da stießen sie auf Schlangen von erstaunlicher Größe, die waren widerwärtig und ganz schrecklich; sie hatten zwei Köpfe, und ihre Augen leuchteten wie Laternen. Und es gab dort auch kleine Tierchen, die waren affenähnlich, hatten acht Augen und ebenso viele Beine und zwei Hörner am Kopf, mit denen griffen sie Menschen an oder andere Tiere. Die töteten sie.

Und von da kam Alexander in die große Stadt Babylon, da fand er Gesandte aus allen Provinzen der Welt, die ihn erwarteten, nämlich aus der Stadt Karthago, aus ganz Afrika, aber auch aus Spanien und Italien wie von den Inseln Sizilien und Sardinien. Solcher Schrecken hatte nämlich die Fürsten im fernen Osten und die Völker im äußersten Westen befallen, daß man fremde Gesandtschaften aus der ganzen Welt kommen sah, aus Ländern, von denen man kaum geglaubt hätte, daß Nachrichten von ihm bis zu ihnen gedrungen

wären. So hatte der große Alexander in jungen Jahren sich die zitternde Welt mit dem Schwert unterworfen. Seine Fürsten aber zerrissen nach seinem Tode in vierzehn Jahren alles, so wie eine edle Beute, die ein Löwe geschlagen hat, von raubgierigen Hunden zerfleischt wird; denn sie reizten sich wechselseitig zum Zank um die Beute und richteten sich durch Mißgunst zugrunde.

Unterdes schrieb Alexander seiner Mutter Olympias und seinem Lehrer Aristoteles einen Brief von den Schlachten, die er mit Porus, dem König der Inder, geschlagen, und von den Nöten, die er in Indien winters wie sommers ertragen, auch von den vielen Kämpfen, die er ebenfalls in Indien mit wilden Tieren und Ungeheuern und Schlangen ausgefochten hatte. Aristoteles aber sandte ihm zur Antwort einen Brief, in dem stand:

«Dem großen Alexander, König der Könige, sendet Aristoteles seinen Gruß. Da ich den Brief Eurer Hoheit las, ergriff mich tiefes Staunen. Daher wünsche ich mit ganzer Kraft, Lob und Preis zu ersinnen, die ich Dir darbringen könnte. Die Götter Jupiter und Neptun sind meine Zeugen: Wegen der ausgezeichneten und ruhmvollen Taten, die Du vollbrachtest, bist Du vieler Lobeserhebungen wert. So bringen wir allen Göttern innigsten Dank dar, daß sie Dir solche Siege und solche Tüchtigkeit zuteil werden ließen, daß Du alle besiegt hast, doch Dich keiner besiegen konnte. Da wir aber lasen, wie Du sommers wie winters in größte Bedrängnis geraten, und von den Kämpfen, die Du wider Schlangen und Ungeheuer und Tiere bestanden, erstaunten wir tief. Ja, all Dein Tun ist wunderbar, und glücklich sind Deine Fürsten, die Dir in all Deinen Nöten dienstbar waren. Skythen und Äthiopier willfahren Dir. Du aber, Kaiser, bist, wie wir sehen, göttergleich.»

Unterdes ließ Alexander zwei goldene Standbilder zu seinem Ruhm gießen, die waren fünfundzwanzig Fuß hoch, und er ließ in sie all seine Taten eingraben; die eine richtete er in Babylon, die andere in Persien auf.

Und da Alexander in Babylon weilte, gebar ein Weib dieser Stadt eine Mißgeburt männlichen Geschlechts. Diese Mißgeburt war von Haupt bis Nabel von menschlicher Gestalt und tot, vom Nabel bis zu den Füßen aber war sie verschiedenen Tieren ähnlich und lebte. Und sogleich bedeckte das Weib die Mißgeburt mit Linnen und trug sie heimlich zu Alexander. Da Alexander diese erblickte, erstaunte er tief, und er ließ sogleich einen Wahrsager kommen und zeigte ihm heimlich das Wesen. Der Wahrsager jedoch seufzte tief auf und

sprach: «Großmächtiger Kaiser, dein Ende naht, und du mußt sterben.» Zu ihm sprach Alexander: «Doch sag mir, wieso?» Der Wahrsager drauf: «Großmächtiger Kaiser, der halbe Leib, der menschenähnlich ist und tot, bedeutet, daß dein Tod rasch naht, und die andere Hälfte, die tierähnlich ist und lebendig, meint die Könige, die nach dir kommen werden, die nichts sind gegen dich, wie ein Tier nichts ist gegen einen Menschen.» Da Alexander dies hörte, ward er sehr traurig, seufzte tief auf und sprach: «Allmächtiger Jupiter! Ich dürfte doch jetzt nicht meine Tage beschließen, damit ich vollbringe, was ich erdacht. Doch da dir nicht gefällt, daß ich es vollende, bitte ich dich: Nimm mich als dritten Sterblichen bei dir auf.»

Zu jener Zeit lebte in Makedonien ein Mann, Antipater* mit Namen, der hatte mit vielen Leuten eine Verschwörung angezettelt,

* Die Behauptung, Alexander sei von Antipatros und dessen Söhnen Kassandros und Jolaos vergiftet worden, wurde von Olympias schon bald nach des Königs Tod aufgebracht und fand weithin Glauben. Antipatros war von Alexander vor dem Asienfeldzug als Reichsverweser in Makedonien gelassen worden. Gegensätze zwischen Antipatros und Olympias gab es schon bald nach Alexanders Abmarsch. Dieser billigte Alexanders Politik in vielen Dingen nicht und sollte daher abgelöst werden – vorher starb jedoch Alexander. Antipatros hatte mehrere Söhne und Töchter; *Kassandros* schickte er im Jahre 324 nach Babylon, wo sein anderer Sohn *Jolaos* Obermundschenk Alexanders war.

daß sie Alexander ermordeten, doch konnte er das keineswegs vollbringen; aber er verleumdete ihn oft. Olympias aber, Alexanders Mutter, ward das Herz schwer davon, und sie hatte Alexander oftmalen von Antipater geschrieben, er solle sich vor dessen Söhnen hüten. Antipater aber dachte darauf, wie er Alexander mit Gift töten könne. So ging er zu einem sehr kundigen Arzt und kaufte einen Gifttrank von ihm, den konnte kein Gefäß aufnehmen. So ließ er ein eisernes Schälchen formen, darein barg er den Trunk und gab alles Kassander, seinem Sohn, und schickte den in Alexanders Dienste. Ihm trug er auf, er solle ihn Jollas, seinem Bruder, geben, der Jobas genannt ward, damit er den Gifttrank Alexander zu trinken gebe.

In diesen Tagen nun sah Alexander im Traum, wie er von Kassander mit dem Schwert getötet würde. Da rief er einen Wahrsager und erzählte ihm den Traum, den er geträumt. Der Wahrsager sprach zu ihm: «Großmächtiger Kaiser, wisse und erkenne, daß Kassanders Gesinnung gegen dich nicht aufrichtig ist.» Da aber Kassander nach Babylon kam, gab er den Trank seinem Bruder.

Dieser Jobas aber war an Jahren ein Jüngling, er war sehr hübsch und Alexander vertraut, und Alexander liebte ihn sehr. Da geschah

es zu jener Zeit, daß Alexander den Jüngling aufs Haupt schlug, obwohl dieser unschuldig war. Das erfüllte den jungen Mann mit Unmut, und so stimmte er der Ermordung Alexanders zu, obwohl der ihn doch liebte; gern nahm er von seinem Bruder den Trank.

Eines Tages nun, da Alexander in Babylon war und mit seinen Fürsten und Soldaten beim Mahl saß, ward er über die Maßen froh und heiter. Und mitten im Tafeln ward er sehr vergnügt und mit seinen Fürsten und Soldaten immer ausgelassener und verlangte

plötzlich zu trinken. Jobas aber, der Urheber dieses schrecklichen Frevels, tat Gift in den Becher, mischte es mit Wein und gab es ihm zu trinken.

Alexander aber hatte das Gift kaum getrunken, da schrie er schon auf mit lauter Stimme, er krümmte sich, preßte die rechte Seite seines Leibes, und es war ihm, als hätte einer ihm die Leber mit dem Schwert durchbohrt. Aber sofort hielt er an sich, bezähmte den Schmerz, erhob sich vom Mahl und sprach zu seinen Fürsten und Soldaten: «Ich bitte euch, bleibt sitzen, eßt, trinkt und seid guter Dinge.» Diese aber packte Entsetzen, sie standen vom Tisch auf und gingen hinaus, um den Ausgang der Dinge zu erleben.

Alexander aber betrat das Schlafgemach und verlangte nach einer Feder, die wollte er in den Rachen stoßen, um das Gift zu erbrechen. Jobas, der Urheber des ganzen Frevels, bestrich die Feder mit demselben Gift und reichte sie ihm. Er aber stieß sie in den Rachen, um das Gift zu erbrechen. Und sogleich setzte ihm das Gift noch härter zu. Da befahl er jemandem, die Pforte des Palastes zu öffnen, die lag an einem Weg, der zum Euphrat hinabführte; und die ganze Nacht verbrachte er schlaflos.

Mitten in jener Nacht nämlich erhob sich Alexander von dem

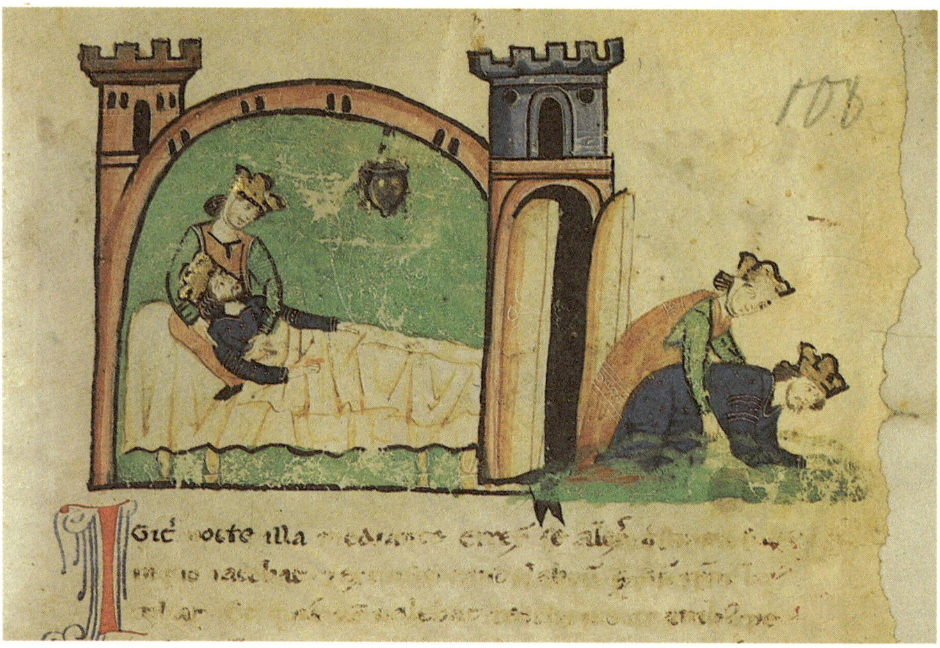

Lager, auf dem er ruhte, löschte den Leuchter, der vor ihm leuchtete, und weil er nicht aufrecht gehen konnte, kroch er auf Händen und Füßen auf der Erde den Weg zum Fluß hinab, um sich in ihn zu stürzen, daß er die Wirkung des Giftes fortnähme, wenn aber nicht, daß ihn der Lauf des Flusses fortrisse und er nie mehr gefunden würde. Da er aber zum Fluß hinabkroch, siehe, da lief sein Weib Roxanes in eiligem Lauf hinter ihm her, und als sie ihn erreicht, warf sie sich über ihn, umschlang ihn, weinte bitterlich und sprach: «Weh über mich Arme, Unbekannte! Verläßt du mich denn, Herr Alexander, und gehst, dich selbst zu töten?»

Ihr gab Alexander zur Antwort: «Ich bitte dich, Roxanes, meine Liebe und Allersüßeste, laß mich gehen, damit keiner von meinem Ende erfahre, sonst wärest du nicht wert gewesen, mit mir zu leben.» Doch Roxanes führte ihn zu seiner Bettstatt zurück, umschlang sein Haupt, küßte ihn, weinte bitterlich und sprach zu ihm: «Dein Ende naht, so verfüge denn vorher über uns.»

Sogleich rief er Jobas herbei und befahl ihm, Simeon*, seinen Notar, zu holen. Und da Simeon, sein Notar, herein und vor ihn getreten war, hieß er ihn, sein Testament niederzuschreiben wie folgt:

* Gemeint ist Eumenes, der zu Alexanders Zeit die königliche Kanzlei leitete.

«Dir, Aristoteles, verehrter Meister, befehlen wir, Du mögest von unserem Königsschatz den Priestern Ägyptens, die in dem Tempel Dienst tun, wo mein Leib bestattet werden soll, tausend Talente Goldes, das sind hundertzwanzigtausend Pfund, schicken. Schon zu meinen Lebzeiten habe ich bedacht, wer nach meinem Tode herrschen soll: Der Hüter meines Leichnams und Euer Führer wird Ptolemäus sein. Mein Testament* darf bei Euch nicht in Vergessenheit geraten. Weiterhin sage und bestimme ich Euch: Gebiert* Roxanes, mein Weib, ein Kind männlichen Geschlechts, so soll er Euer Kaiser werden, und Ihr nennt ihn mit dem Namen, der Euch gefällt; schenkt sie aber einer Tochter das Leben, so sollen sich die Makedonier zum König erwählen, wen sie wollen. Roxanes, mein Weib, sei die Herrin all meiner Habe. Ptolemäus Lagu sei der Herr über Ägypten, Afrika und Arabien, über alle Satrapen des Ostens und bis Baktrien, und er soll zum Weibe erhalten Kleopatra, die mein Vater Philipp verstoßen hat. Pithon sei der Herr Großsyriens. Philotas sei der Herr Kilikiens. Philo sei der Herr Illyriens. Akropakus, der Schwiegervater des Perdikkas, sei der Herr Mediens. Sinon sei der Herr des Volkes von Susiane. Antigonus, der Sohn des Philipp, sei der Herr Großphrygiens. Simeon, mein Notar, sei der Herr Kappadokiens und Paphlagoniens. Nearchus sei der Herr Lykiens und Pamphyliens. Kassander sei der Herr Kariens. Meander sei der Herr Lydiens. Leonnatus sei der Herr Kleinphrygiens. Lysimachus sei der Herr Thrakiens und des Schwarzmeergebiets. Philippus, der auch Arridäus* heißt, mein Bruder, sei der Herr des Peloponnes. Seleukus Nikanor, Sohn des Antiochus, sei der Herr aller Lager. Kassander und Jobas, die Söhne des Antipater, seien die Herren über die königlichen Leibwächter und Satrapen. In Oberbaktrien und den Regionen Indiens sollen die herrschen, die wir ernannt haben: Taxiles sei der Herr über die Serer, die zwischen zwei

* Ein wichtiges Problem nach Alexanders Tod war, daß er keine letztwillige Verfügung getroffen hatte.

* Roxane war, als Alexander starb, im sechsten Monat schwanger. Sie gebar später einen Sohn, Alexander IV., der 311 ermordet wurde.

* Schwachsinniger Sohn Philipps II., Halbbruder Alexanders, regierte nach Alexanders Tod als Philipp (III.). Das Heer hatte ihn zum König ausgerufen. 317 wurde er hingerichtet.

Flüssen, dem Hydaspes und dem Indus, wohnen. Pithon, der Sohn des Agenor, sei der Herr der in Indien gegründeten Pflanzstädte. Oxiarches sei der Herr über die Parapomener, bis zu den Grenzen des Kaukasus, auch über die Aracher und Sichedrer. Tardanis sei der Herr über Drachener und Archer. Amonta sei der Herr über die Patrianer. Sicheus sei der Herr über die Skodiziner. Itakanor sei der Herr über die Parther. Philipp sei Herr über die Pelanier. Archous sei Herr über die Pelauser. Archelaus sei Herr über Mesopotamien. Die Nikioten sollen frei sein und sich zum Herrn wählen, wen sie wollen. Und alle aus der Heimat Verbannten seien frei, und jeder kehre in seine Stadt heim und nehme sein Eigentum in Besitz.»

Als aber dies Testament in Alexanders Gegenwart niedergeschrieben war, da donnerte und blitzte es unversehens schrecklich, und ganz Babylon erbebte.

Da verbreitete sich in ganz Babylon die Nachricht vom Tod Alexanders, und sogleich sprangen alle Makedonier und Griechen auf, griffen zu den Waffen, liefen zum Hof des Palastes, riefen und sprachen zu den Fürsten: «Wisset: Wenn ihr uns nicht unsern Kaiser zeigt, so werdet ihr alle noch in dieser Stunde sterben!» Da aber das Geschrei der Soldaten Alexander zu Ohren drang, fragte er, was es denn gebe. Seine Fürsten aber gaben zur Antwort: «Alle Makedonier

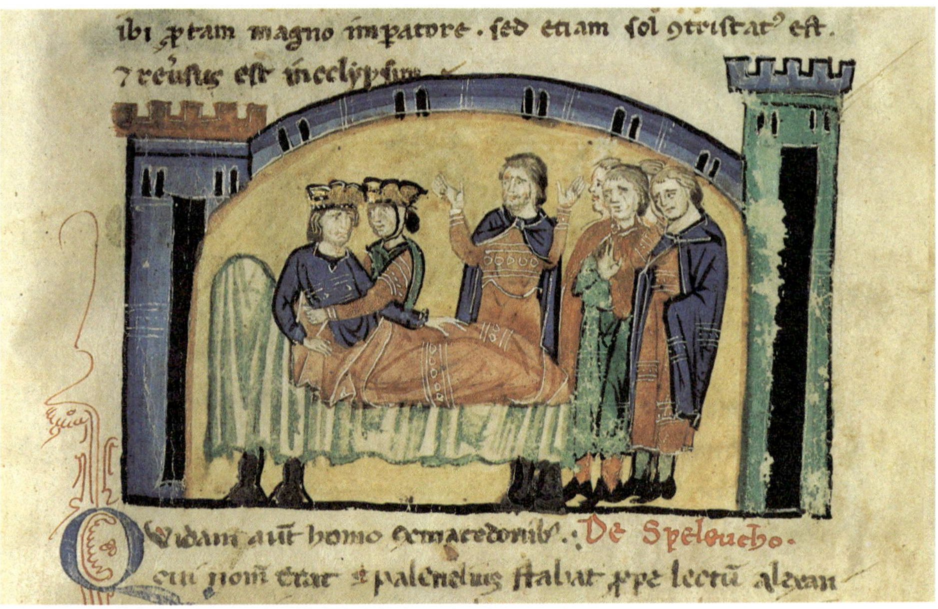

und Griechen sind in Waffen zusammengeströmt und rufen: ‹Wenn ihr uns nicht unsern Kaiser zeigt, werdet ihr alle noch in dieser Stunde sterben.›» Da nun Alexander dies vernahm, befahl er seinen Fürsten, ihn mit dem Bett, auf dem er ruhte, aufzuheben und in den Speisesaal des Palastes zu tragen. Und so geschah es. Dann ließ er die Pforten des Saales öffnen und befahl, alle Makedonier und Griechen mögen eintreten und vor ihn kommen. Alexander sah sie an, seufzte und weinte bitterlich, dann ermahnte er alle, daß sie untereinander Frieden bewahren. Die Makedonier aber riefen unter Tränen und sprachen zu ihm: «Großmächtiger Kaiser, wir verlangen zu wissen, wer uns nach deinem Tode regieren soll.» Ihnen gab Alexander zur Antwort: «Männer, Mitkämpfer, Makedonier! Der soll nach meinem Tod euer König sein, den ihr selbst wünscht.» Sie aber forderten wie mit einer Stimme den Prokonsul Perdikkas. Da ließ Alexander den Prokonsul Perdikkas* vor sich treten, übergab ihm das Makedonische Reich und vertraute ihm sein Weib Roxanes an.

Dann küßten alle Makedonier seine Rechte, er aber seufzte und weinte bitterlich. Und gewaltiger Jammer und bitteres Wehklagen war an dieser Statt wie Donnergrollen. Ich glaube gar, nicht allein die Menschen weinten da um den großen Kaiser, sondern die Sonne betrübte und verfinsterte sich. Einer der Makedonier aber, Speluncus mit Namen, stand an Alexanders Lager und sprach unter lautem Jammern und Klagen: «Großmächtiger Kaiser, König Philipp, dein Vater, hat uns und unser Reich wohl regiert, doch wer könnte deine Freigebigkeit und edle Gesinnung, die du in Worten und Werken übtest, genugsam schätzen?» Da erhob sich Alexander von seinem Lager, setzte sich, schlug sich vor die Stirn, weinte bitterlich und sagte in makedonischer Sprache: «Weh über mich Armen, weh über mich Unseligen! Alexander stirbt, und Makedonien geht unter.» Da klagten alle Makedonier mit lauter Stimme und sprachen: «Besser wäre es für uns alle, wir stürben mit dir, als daß wir nach deinem Hinscheiden lebten; denn wir wissen: Nach deinem Tod wird das Makedonische Reich nicht länger dauern. Weh über uns Arme! Du, Herr Alexander, verläßt uns, und wohin gehst

* Alexander übergab ihm seinen Siegelring, was aber nicht seine Ernennung zum Nachfolger bedeutete und auch nicht so verstanden wurde.

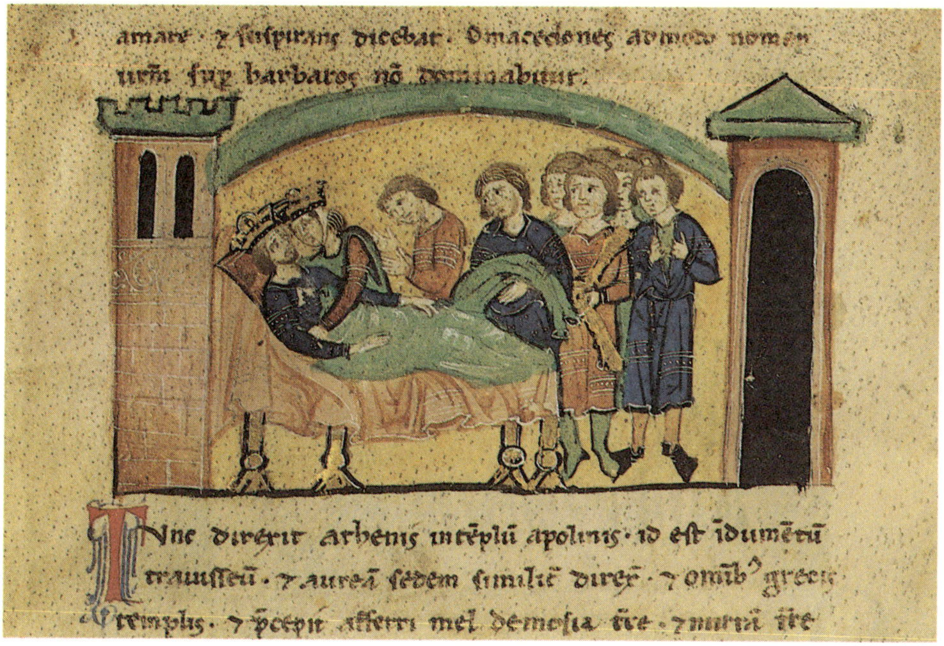

du allein, ohne deine Makedonier?» Alexander aber schluchzte oftmals bitterlich auf und sprach unter Seufzen: »Ach, ihr Makedonier, nun wird euer Name nicht mehr über die Barbaren herrschen.»

Dann schickte er nach Athen zum Apolltempel ein goldenes Prachtgewand, einen Mantel mit Purpursaum nämlich, und dazu einen goldenen Thron. Und ähnliches sandte er allen Tempeln Griechenlands. Drauf ließ er Honig aus dem Land Nisiotia und Myrrhen aus dem troglodytischen Land holen und befahl, seinen Leib nach dem Tode damit zu salben, denn man sagt, die beiden Stoffe machten menschliche Leichname unverweslich.

Drauf befahl er seinem Bruder Philipp, der auch Arridäus genannt wurde, daß er zehntausend Pfund Goldes nähme, das sind zweihundert Talente, und in Alexandria ein Grabmal für ihn errichten ließe, wie es denn auch geschah.

Da aber der so bedeutende und ruhmreiche König verschieden war, hoben seine Fürsten seinen Leib auf,* hüllten ihn in königliche

* Mit der Überführung von Alexanders Leiche (sie war in den Wirren nach dem Tode des Königs längere Zeit unbeachtet liegengeblieben) nach der Ammonsoase von Siwa wurde Arridaios beauftragt, doch wurde der Leichnam von Ptolemaios aus politischen Gründen in die Hauptstadt seines Reiches, nach Alexandria, verbracht.

Gewänder, setzten ihm die Krone aufs Haupt, hoben ihn auf seinen Wagen und brachten ihn von Babylon nach Alexandria. Ptolemäus aber schritt vor dem Wagen einher, klagte mit heller Stimme und sprach: «Weh mir, Herr Alexander, tapferster der Männer! Da du lebtest, hast du nicht so viele getötet, wie du nach deinem Tode vernichtet hast.» Die Fürsten aber und all seine Soldaten folgten ihm unter Wehklagen bis Alexandria, wo er begraben ward.

Alexander war von mäßiger Größe, hatte ein schmales Haupt, heitere Augen und Wangen, die sich lieblich röteten; die übrigen Teile seines Leibes entbehrten nicht einer gewissen würdigen Schönheit. Sieger blieb er über alle, einzig von Wein und Jähzorn besiegt.

Sein Leben währte dreiunddreißig Jahre. Mit dem achtzehnten Jahr nach seiner Geburt begann er Krieg zu führen, stritt sieben Jahre lang; er verbrachte acht Jahre in Ruhe und lebte in Lust und Freude. Er machte sich siebenundzwanzig Barbarenvölker untertan. Geboren ward er am fünften Tag des Dezember und verschied am zweiten Tag des März.* Er gründete zwölf Städte,* die noch heute bewohnt sind.

Das erste Alexandria heißt Yprosoritas, «bei den Oriten»;
das zweite Alexandria heißt Yepiporum, «bei Porus»;
das dritte Alexandria heißt Yebukefalon, «beim Pferde Bukephalus»;
das vierte Alexandria heißt Yeratisti, «bei Issus»;
das fünfte Alexandria heißt Yaranicon, «am Granicus»;
das sechste Alexandria heißt Scithia, «im Skythenland»;
das siebte Alexandria heißt «am Tigris»;
das achte Alexandria heißt «Babylon»;
das neunte Alexandria heißt «in der Troas»;
das zehnte Alexandria heißt Masateugas, «bei den Massageten»;
das elfte Alexandria heißt Yprosxanthon, «bei Xanthus»;
das zwölfte Alexandria heißt «das Ägyptische».

* Tatsächlich wurde Alexander im Herbst 356 geboren und starb wahrscheinlich am 13. Juni 323.

* Alexander hat eine Reihe von Städten gegründet (mehr als zwölf) oder neu besiedelt, im Mittelalter waren jedoch nicht mehr alle davon bewohnt.

Cyrus.
Darius.
173

alexander

NACHWORT

Alexander der Große (356–323 v. u. Z.) hat weit mehr als andere Herrscher- und Eroberergestalten, mehr als Caesar, Karl der Große, als Napoleon die Zeitgenossen und die Nachgeborenen fasziniert. Als sein Vater, Philipp II. (um 382–336), ermordet worden war, sicherte sich der Zwanzigjährige die Herrschaft. 335, nach einem Kriegszug an die Donau und nach Illyrien, nahm er Theben und zerstörte es, setzte 334 nach Kleinasien über, schlug die Perser unter Dareios III. 334 am Granikos, 333 bei Issos, 331 bei Gaugamela, eroberte 332 Tyros, zog im gleichen Jahr nach Ägypten und nach der Gründung Alexandreias 331 zum Ammonsorakel in der Oase Siwa, marschierte 330/29 über die Kaspischen Pforten bis nach Mittelasien, 327 über das heutige Afghanistan nach Indien (genauer: Pakistan), wo er 326 unter anderen Poros schlug, wurde 325 durch das erschöpfte Heer zur Umkehr gezwungen und starb 324 in Babylon. Man muß diesen Weg auf der Karte verfolgen, um allein die physische Leistung zu ermessen, die er seinem Heer, aber auch sich selbst in diesen zwölf Jahren zumutete. Hinzu kam die psychische Belastung, die der Feldzug gegen einen seit acht Jahrzehnten gefürchteten, zahlenmäßig überlegenen Gegner und in unbekannte Gebiete bedeutete.

Zwar haben die strategische und taktische Intelligenz und die Entschlußkraft des Feldherrn Alexander, der Mut, die Tapferkeit des Soldaten die Bewunderung der Zeitgenossen erregt, hat die Ausstrahlung seiner Persönlichkeit viele gewonnen, ist er insbesondere von den kleinasiatischen Griechen und von den Ägyptern als Befreier vom persischen Joch gefeiert worden, aber auch Kritik und Ablehnung artikulierten sich, formierten sich zum Widerstand gegen ihn. Die Hellenen des griechischen Mutterlandes, insbesondere die Athener und Thebaner, sahen in ihm einen Tyrannen, der die Freiheit ihrer Poleis vernichtete; die Griechen in seinem Heer und die daheim lehnten sowohl seine – staatsmännisch an sich überaus kluge – Ausgleichspolitik ab, weil sie damit im Interesse der Stabilisierung des Riesenreiches den Orientalen gleichgestellt wurden, als auch das Verlangen Alexanders, ihn wie einen orientalischen Herrscher, ja als Gott zu verehren; sein strapaziertes Heer wurde der nicht enden wollenden Feldzüge müde, derentwegen man ihn als maßlosen Eroberer ansah, der die Weltherrschaft anstrebt; die Skrupellosigkeit, mit der er Gegner bekämpfte, Verschwörungen seiner Führer und Unruhen seines Heeres niederschlug, schuf ihm unerbittliche Feinde; sein früher Tod und danach der Zerfall seines Reiches gaben Anlaß zu Spekulationen über die Todesursache (man sprach von Giftmord) und zu philosophischen Erörterungen über die Sinnlosigkeit des Herrschaftsstrebens, die Vergänglichkeit von Macht und Ruhm.

All dies – die historischen Tatsachen wie die unterschiedlichen Wertungen der Persönlichkeit Alexanders – ist eingegangen in den sogenannten Alexanderroman. Die Bezeichnung ist zwiefach irreführend. Erstens ist *der* Alexanderroman, also ein zuverlässiger, verbindlicher und stabiler Textzeuge, nicht überliefert, ja nicht einmal sicher rekonstruierbar; vielmehr gibt es allein fünf griechische Fassungen (wir sagen: Rezensionen), die mit α, β, γ, ε und λ bezeichnet werden, und eine sechste, *δ, ist uns im Original verloren (α steht dem Original am nächsten, alle anderen Rezensionen sind direkt oder indirekt von α abgeleitet). Viele Abschreiber und Übersetzer (denn der griechische Text wurde in mehrere Sprachen, darunter das Lateinische, Slawische, Armenische, Persische übersetzt und diese Übersetzungen wiederum in zahlreiche andere Sprachen), viele Abschreiber und Übersetzer also haben ihre Aufgabe nicht darin gesehen, die Vorlage so treu wie möglich wiederzugeben, sondern sie haben zum einen all ihr Wissen von Alexander eingearbeitet, zum anderen aber die historische Gestalt ihrer eigenen Zeit nahegebracht, wodurch Alexander denn im islamischen Bereich schließlich zum Weisen und im lateinischen Europa zum Ritter wurde.

Zweitens handelt es sich nicht um einen Roman in dem Sinne, daß er bewußt erdichtet wäre; die Gattungsbezeichnung rührt lediglich daher, daß wir in diesem Werk unendlich viele gravierende Abweichungen von den historischen Tatsachen, ja vom real Möglichen vorfinden, Romanhaftes, wie man so sagt. Und dennoch bildete den Grundstock unseres Textes eine Biographie, die sich als historisch verstand, historisch freilich im Sinne antiker Geschichtsschreibung, die nicht nur belehren, sondern auch unterhalten wollte und mindestens in den eingelegten Reden auch fiktive Elemente enthielt. Diese Quelle wurde zusammengearbeitet mit Schriften, die zwar erfunden waren, aber den Anspruch auf Authentizität erhoben, Fälschungen also: Briefwechsel zwischen Alexander und Dareios, Poros und den Amazonen, Briefe Alexanders an Aristoteles und Olympias über die Wunder Indiens, Protokolle über seine Gespräche mit Brahmanen und Gymnosophisten, ein Bericht über Alexanders letzte Tage mit einem Testament Alexanders.

Aus diesen teils recht alten Schriften sowie novellistischen Einlagen (der Erzählung von der Verführung der Olympias durch Nektanebos, dem Bericht über Alexanders Besuch bei der Königin Kandake) entstand dann im 3. Jahrhundert u. Z. das, was wir heute den Alexanderroman nennen. Sein Verfasser ist unbekannt; von den vielen Fehlzuschreibungen (darunter an Aristoteles, Demosthenes und Vergil) hat sich die an Kallisthenes durchgesetzt, weshalb man von dem Werk auch als dem Pseudo-Kallisthenes spricht. Das Werk ist bis nach Island, Indien, Java, Äthiopien, in die Mongolei gedrungen; es liegt in fünfunddreißig Sprachen und rund zweihundert Fassungen vor. Zu dieser Verbreitung hat neben der faszinierenden und vielfältig deutbaren Gestalt seines Helden fraglos eines ganz besonders beigetragen: die beherrschende Rolle des Wunderbaren.

Alexander hatte Gebiete erobert, mit denen die Griechen (und auch noch wir) die Vorstellung des Fremdartigen und Befremdlichen verbanden; selbst Augenzeugen – Kaufleute und Diplomaten – erzählten Merkwürdiges über die Natur und den Reichtum Persiens und Indiens. Dahin also zog das makedonisch-griechische Heer. Wiewohl Alexander ein offizielles Tagebuch, die Ephemeriden, führen ließ und Wegmesser in sein Heer eingliederte, die die Wegstrecken ebenso zu notieren hatten wie bemerkenswerte Natur- und Kulturerscheinungen, wiewohl Kallisthenes (um 370–327), ein Verwandter des Aristoteles, Alexander als Historiograph begleitete, wiewohl also der König für die authentische Darstellung seiner Taten gesorgt hatte, erzählten doch bereits seine Feldherren in ihren Memoiren Unglaubliches und Unglaubwürdiges. Den Vogel aber schoß der «Brief Alexanders an Aristoteles über die Wunder Indiens» ab, der im lateinischen Westen im 11. Jahrhundert in den Roman eingefügt wurde.

Im lateinischen Europa wurden die bedeutenden Alexander-Monographien der griechischen Antike, die Anabasis des Arrian (gest. nach 170) und die Biographie des Plutarch (nach 45 bis nach 120) erst in der Renaissance bekannt. Man las die unvollständig überlieferte Alexandergeschichte des Quintus Curtius Rufus (2. Jahrhundert?) und die Übersetzung der Rezension α des Alexanderromans, die Iulius Valerius Alexander Polemius zwischen 310 und 330 gefertigt hatte. Die stärkste Wirkung aber entfaltete ein an sich erbärmliches Werk, die Übersetzung der Rezension *δ, die der neapolitanische Erzpriester Leo, der das Buch gelegentlich eines Konstantinopel-Aufenthaltes kennengelernt hatte, nach 952 vornahm. Dieser Text wurde in der Folgezeit mehrfach überarbeitet. Wir kennen drei lateinische Hauptrezensionen, die den Titel «Historia de preliis Alexandri Magni» (Geschichte von den Kämpfen Alexanders des Großen) führen und durch die Kürzel I^1, I^2 und I^3 voneinander unterschieden werden. I^1 ist eine beträchtlich erweiterte und stilistisch überarbeitete Fassung von Leos Übersetzung; I^2 ist eine Überarbeitung von I^1, die durch weitere Zusätze ergänzt wurde und in der die Ereignisse wenigstens einigermaßen historisch korrekt geordnet wurden, wobei sich der Redaktor besonders auf die erste christliche Universalgeschichte, das «Geschichtswerk wider die Heiden» des Orosius (erste Hälfte des 5. Jahrhunderts), stützte. Der kritische Text dieser Rezension liegt der vorliegenden Übersetzung zugrunde. I^2 ist in über vierzig Handschriften überliefert, darunter – unvollständig allerdings und äußerst fehlerhaft – in der Handschrift der Universitätsbibliothek Leipzig, die die Signatur Stadtbibliothek Rep. II. 4°. 143 trägt. Trotz ihres mangelhaften Textes ist sie eine überaus wichtige Alexander-Handschrift: Sie enthält nämlich 167 Miniaturen.

Im 4. Jahrhundert war im griechischen Raum ein umfangreicher Bilderzyklus zum Alexanderroman entstanden. Nun erwarten wir zwar von einem Abschreiber, daß er seine Textvorlage treulich kopiert, aber mit unserer Vorstellung von bildkünstlerischem Schaffen ist es doch kaum vereinbar, daß auch Illustratoren Bilder aus älteren Büchern übertragen. Und doch war das der Fall. Wie der Text des Alexanderromans von Byzanz in alle Richtungen ausstrahlte, so auch der Bilderzyklus. Wir können ihn in griechischen, armenischen, russischen, serbischen und rumänischen Handschriften ebenso nachweisen wie in lateinischen, französischen, italienischen, deutschen und niederländischen. Freilich haben viele Kopisten nur einen Teil der Bilder übernommen, und die Technik reicht von der schlichten Umrißzeichnung bis zur prunkvollen farbigen Miniatur – beides war abhängig vom Geldbeutel des Käufers, der in der Regel zugleich der Besteller war. Wie viele Bilder eine Handschrift enthalten, welche Szenen gestaltet würden, entschied bereits der Schreiber, denn er ließ den Raum frei, in den das Bild gemalt werden sollte (wir besitzen gar nicht wenige Handschriften, in denen der freie Raum nicht ausgefüllt wurde). Nun weichen, wie gezeigt, die Texte inhaltlich und im Aufbau voneinander ab, werden in dem einen Geschichten erzählt, die in dem anderen fehlen, wurden Szenen umgruppiert. Verständige Kopisten und Illuminatoren paßten Bildinhalte, -auswahl und -folge dem jeweiligen Text an. Dies ist nächst der Zahl der Abbildungen ein weiterer Grund für Abweichungen von der Vorlage. Der dritte ist, daß die Illuminatoren mit den Bildern so verfuhren wie die Bearbeiter mit den Texten: Sie verliehen ihnen Zeitkolorit. Deshalb sind Alexander, Dareios, Poros in unserer Handschrift wie mittelalterliche Könige gekleidet, ihre Soldaten wie Ritter gerüstet und bewaffnet. Stabil blieben vor allem die Bildinhalte und der Bildaufbau, weithin die Bildfolge.

Nach Westeuropa gelangte der Bilderzyklus in der ersten Hälfte des 13. Jahrhunderts, und zwar wie im 10. Jahrhundert der Text des Alexanderromans über Süditalien, das Gebiet in Westeuropa, das seit vielen Jahrhunderten die engsten Beziehungen zum griechischen Osten unterhielt. Vermittelt wurde er durch eine Handschrift der Rezension I^2; ihr wurde der Zyklus angepaßt.

Auch die Leipziger Handschrift bietet, wie gesagt, I^2; auch sie entstand (im späten 13. Jahrhundert) in Süditalien. Sie ist zwar nicht das älteste lateinische Manuskript, das den Bilderzyklus überliefert (ein ebenfalls aus Süditalien stammender Pariser Kodex, Mitte des 13. Jahrhunderts geschrieben, hat Raum für 28 Bilder, von denen nur die ersten drei als Federzeichnungen ausgeführt sind), aber es ist doch eine recht frühe und zudem eine der schönsten der erhaltenen illuminierten Alexanderhandschriften, außerdem, wenn auch nach den Blättern 41, 46, 104 und 110 Blätter fehlen, bemerkenswert vollständig.

Die Miniaturen schließen sich eng an den Gang der Erzählung an. Teils finden sich mehrere Szenen auf einer Seite. Die Miniaturen sind als unmittelbar zum Text gehörig aufgefaßt – kein Rahmen trennt sie von der Schrift, kein Hintergrund, von dem sie sich abheben, ist angedeutet, sondern die Darstellungen sind unmittelbar aufs Pergament gemalt. Wichtig ist allein ihre illustrative Funktion, dasjenige, was zum Verständnis des in ihnen geschilderten Vorgangs nötig ist; was davon ablenkt – Raum, Milieu –, fehlt. Die Umrißzeichnungen sind mit der Feder ausgeführt worden mit der gleichen Tinte, mit der der Text geschrieben wurde; Schreiber und Illustrator könnten daher identisch sein. Die Zeichnungen sind farbig gefüllt, wodurch sie bisweilen an Emailarbeiten erinnern. Der Illuminator offenbart gutes Farbempfinden. Den Wunderdingen ist viel Raum gewidmet, wobei uns die süditalienische Freude an der Natur fesselt. So ist die Darstellung von Elefanten – einer Tierart, die man im 13. Jahrhundert in Kaiser Friedrichs II. Heer sehen konnte – weit wirklichkeitsnäher als in anderen Handschriften.

Die vorliegende Publikation bietet alle Miniaturen der Leipziger Handschrift. Die sechzehn Porträts am Ende des Buches stellen Herrscher der Großreiche des Altertums dar; sie ordnen damit die Historie von Alexander in den Gang der Weltgeschichte von den Persern bis zu den Römern, von Kyros bis Augustus ein.

Halle, 2. Juli 1988 Wolfgang Kirsch

LITERATURHINWEISE

Text: Historia Alexandri Magni (Historia de preliis) Rezension I^2 (Orosius-Rezension), herausgegeben von A. Hilka. I. Teil, zum Druck besorgt durch H.-J. Bergmeister, II. Teil, zum Druck besorgt durch R. Grossmann (Beiträge zur Klassischen Philologie 79, 89), Meisenheim a. Glan 1976, 1977.

Übersetzung von Leo, I^1*,* I^2 *und* I^3 *mit umfangreichen Erläuterungen:* Historie von Alexander dem Großen, herausgegeben von W. Kirsch (Reclams Universal-Bibliothek 625), 4. Auflage, Leipzig 1984.

Zu den Texten: R. Merkelbach: Die Quellen des griechischen Alexanderromans (Zetemata 9), 2. Auflage, München 1977.
F. Pfister: Kleine Schriften zum Alexanderroman (Beiträge zur Klassischen Philologie 61), Meisenheim a. Glan 1976.

Zum Bilderzyklus: D. J. A. Ross: Alexander Historiatus. A Guide to Medieval Illustrated Alexander Literature (Warburg Institute Surveys 1), London 1963.
D. J. A. Ross: Illustrated Medieval Alexander-Books in Germany and the Netherlands. A Study in Comparative Iconography (Publications of the Modern Humanities Research Association 3), London 1972.

Zur Leipziger Handschrift: R. Bruck: Die Malereien in den Handschriften des Königreichs Sachsen, Dresden 1906.

ISBN 3-379-00381-6

Aus dem Lateinischen übersetzt von Wolfgang Kirsch nach:
Historia Alexandri Magni (Historia de preliis), Rezension I² (Orosius-Rezension), nach dem Text von Alfons Hilka
Die Reproduktion der Miniaturen erfolgte mit freundlicher Genehmigung der Universitäts-Bibliothek Leipzig nach der illustrierten Handschrift des 14. Jahrhunderts Rep. II. 4°. 143
Farbaufnahmen: Wolfgang G. Schröter

1. Auflage
Gesetzt aus Garamond
Gesamtgestaltung: Hans-Joachim Schauß
Printed in Germany
Lichtsatz: Interdruck Leipzig GmbH
Reproduktion: Reprocolor GmbH, Leipzig
Offsetdruck: Jütte Druck GmbH, Leipzig
Bindearbeiten: Leipziger Großbuchbinderei GmbH